JN412076

억새풀 한 가족

시인 참샘 유자근 시집

억새풀 한 가족

제1부

개요로 살펴본 참샘시인의 시 세계

◆ 주요 등단 작품의 번역

◆ 저항시

◆ 개성적인 시

제2부

애틋한 추억

제3부

새벽녘의 환상

제4부

가을이 가는 모습

제5부

소중한 정념

제 6 부

고향 마을 터

제7부

병풍 속의 화원

제1부

개요로 살펴본 참샘시인의 시 세계

억새풀 한 가족

서쪽 들머리 야산 능선
사과밭 울타리 외 버드나무 너머로
저녁 하늘은 오늘도 벌겋게 물들었다

개구리 뒤쫓던 그 논도랑
할머님 들나물 캐던 그 봇둑길
모두가 눈 익은 고향 정경인데
치솟는 고층아파트 크레인 작업에
들새도 갈길 막혀
저만큼 돌아가느라
빼앗긴 고향에 짓이겨진 슬픔

흐르는 구름 마저 붉은 저녁노을 받아
두 눈은 충혈되고 목소리는 묻혀만 가는데
초저녁 한기 속에 뭉개져 남은 논두렁 위
색깔은 싯누런 채 바람을 가르느라
오늘도 오기 지키는 그 억새풀 한 가족

* 주 : 제3회 교육평론사 신인문학상 登壇詩
저자 가족의 억센 의지력을 상징하는 조상 전답 논두렁 위 외로운 억새풀 가족이 아파트 개발로 불도저에 밀리다 남겨진 애틋한 모습을 詩心에 담은 詩作

ススキの群れ

詩：ユ ジャグン

翻訳：高部寛子

西空、山の稜線
りんご畑の垣根の外にある柳の向こう
夕空は今日も薄赤く染まった

カエルを追いかけた田んぼの溝
おばあさんがマンネングサを採っていた
あの土手の道
見慣れたふるさとの情景を遮るように
聳え立つ高層アパートの上で動くクレーン
野鳥も行く道を塞がれ帰れずにいる
ふるさとの哀れな姿に切なくなる

流れゆく雲は赤い夕焼けを映し出した
私の目は充血し′ 声もしがれてしまったが
宵の口′ 寒気の中で押しつぶされた畦道の上
今日も黄金色に染まり、風を従わせ揺れる
負けん気の強いススキの群れ

A Family of Silver Grass

Yoo Jageun

Above the low mountain ridge in the head of the western field,
and beyond the lone willow tree of the apple orchard fence,
the evening sky was red again.

The rice paddy ditch in which I chased the frog
and the reservoir road where my grandma used to dig wild greens
are all familiar scene in my home town.
Owing to the soaring high-rise apartment crane work,
the wild birds also have to return that far due to their blocked path
and feel the sorrow of being crushed by a lost homeland.

Even the following clouds are bathed in the red sunset,
making my eyes bloodshot and my voices getting buried.
On the ridge of the rice paddy crushed in the early evening chill,

the silver grass family keeps self-respect today, too,
cutting through the wind.

* Note : Poetry at the 3rd Education Review(교육평론사)'s New Writer's Award.
  This is a kind of poem that symbolizes the author's family's strong will power, and poetically captures the grief of the lonely mountain reed being pushed by a bulldozer on the ridge of rice paddy.
* Translation : Yoo Ja-geun
* (Englih and American professors living in Korea also said that they were reluctant to translate.)

또 하나의 저녁달

오늘 오후에도
철 늦게 찾아 든 무더위에
속 뒤집히는 갑갑함까지 겹쳐
늘 찾는 산기슭에 차를 세우고
읽다 둔 신문지 위로 눈길을 돌리자
요즈음 더 엉성해진 내 머리칼이
꼴사납게 빠진 채
여러 가닥이나 널브러져 있다

산길로 접어들어
한숨까지는 아니지만
짧은 숨 몰아 내쉬면서도
잎 떨구는* 지친 나무들을 달래주다가
낯익은 반석 위에
온몸을 내맡겨 드러누우니
서산 위에는 그날처럼
해맑은 저녁달이 떠 있는데
감은 눈 망막 위로 또렷이 파고드는
또 하나의 저녁달

* 떨구는 '떨어뜨리는'의 경상도 (대구, 경북 지역)의 사투리.

また一つの夕月

詩：ユ ジャグン
翻訳：高部寛子

今日の午後も
季節外れに押し寄せた蒸し暑さに
むさ苦しい鬱陶しさまでもが重なり
いつものごとく山の麓に車を止め
読みかけの新聞に目をやると
この頃また薄くなった髪が
無様に抜け落ちて
何本も散らかっている

山道にさしかかり
ため息ともならぬ
短い吐息をつきながら
葉を落とし切った裸木たちを慰めて
いつもの岩の上に
体をすっかり委ね寝そべれば
西の山の上には、あの日のように
明るい夕月
閉じた瞳の奥に、くっきりと深く染み込む
また一つの夕月

차라리 건망증이

어쩌다 내 마음이 내킨 것인지
산 밑 큰길을 드라이브 삼아
신나게 속도를 내보곤
내 집 쪽 샛길로 차 머리를 돌리면

옥수수밭 헌 허수아비처럼
허기진 뱃속을 비집고 나온 스트레스가
춤을 춘다
긴 그림자 드리운 새 아파트 뒤를
돌아가는데

아직 멀쩡한 내 승용차가
노인성 건망증이 깊어 가는 나를
닮아 가느라고
또 헛발질을 해댄다
한동안 쌓이고 참았던
분풀이가
제법 예쁜 체 길 건너는 중년 여자 모습에
또 억눌리는데
젊은 시절 한동안 마음 가깝게 지내던
어느 건달성 체육과 교사의 술자리
전매특허가 된
상투적 어구인 그 말들이 생각난다

'X 대가리하고(와) 차 대가리는
먼저 밀어 넣는 놈이 임자다'

그의 목소리는 아직도 귓가에 머물고
이제 나도 좀 숨 쉴 시간이 생기려는데
기껏 들리는 소식은
'술 과하던 그도 서둘러…'

いっそ健忘症

ユ ジャグン

翻訳：高部寛子

気の向くまま
山の麓の大通りをドライブがてらに走らせる
得意になりスピードをあげ、家に続く小道に方向を変える
とうもろこし畑の草臥れたかかしのような
ひだるい腹底をこじ開けてストレスが舞い上がる

長い影を落とした新しいアパートの後ろに入ると
まだ結構いけてるはずの私の乗用車が
老人性健忘症が酷くなりつつある私に似るかのように
また調子が悪くなる

しばらく溜まりかねていた
八つ当たりにも似た感情が
ふと目に飛び込んできた道を渡る小綺麗な
中 年 女の姿のお陰で抑まりつつも
若い頃、いっとき親しくしていた
よた者の体育教師が
飲んだ席で専売特許のように言っていた
決まり文句を思い出す
“アソコの鼻先と車の鼻先は
先に突っ込んだ方が勝ちだ”

そんな、あいつの声は未だに耳に残り続け
ようやく一息つく時間がもてるようになった
私のもとに届いた知らせは
“飲み過ぎで、あいつは急ぎ逝った…”

* 역자소개 : 高剖寬子(타카베 히로꼬)
일본동경외대 영문과 출신 현재 경북교육 정보센터 일어강사로 재직 중.
완벽한 한 · 일 2개 국어 사용 가능한 bilinguist
한, 일 두 언어간에 존재하는 cultural meaning을 감안해 原詩의 직역과는 다소 다르게 시도된 일어 번역이 몇 군데 있다.

눈발을 맞으며

함박눈이 창문 밖에 커튼을 치고 있다
올겨울은 별로 춥지 않을 거라는 일기예보에
'정치하는 인간들을 닮은
헛소리일거야'라고 피식 웃었던 일이 기억난다
이윽고 따듯한 침대 위에서도 줄 한기를 느껴
난파선 마냥 몸을 뒤척이려는 데
꽁꽁 언 그 옛날 고향 연못 터 아래에서는
아파트 무게에 짓눌린 잉어들의
신음 소리가 들린다
이제 눈이 덧보태져 창틀은 찌그러들었고
요즈음 서둘러 병약해진 아내는
그래도 투석 환자 남편이 애틋하다는 듯
'올 설에는 서울과 해외 손자녀들까지
제사상 끝판에 분탕질을 쳐야 할 텐데' 라고
중얼거리며
꽃무늬 장식 접부채로
창문을 연신 두드리고 있었다

降りしきる雪

詩：ユ ジャグン

翻訳：高部寛子

牡丹雪が窓の外にカーテンをひいているかのようだ
今年の冬はあまり寒くないという天気予報の声に
「政治をする人間のうわ言と同じに決まってる」と
ニヤッと笑ったことを思い出した
しばらくし、暖かいベッドの中なのに寒気を感じ
難破船のごとくひっくり返るように
寝返ろうとした時
昔はカチカチに凍っていた池跡の底から
アパートの重さで押しつぶされた鯉たちの
うめき声が聞こえる気がした
雪が積もった窓枠はへこんでしまい
この頃、病弱になった妻は
それでも透析患者である夫を傍らにし切ないのか
「今年の冬の名節には、ソウルと外国にいる孫たちで
祭祀膳の準備が騒がしくなるだろうね」などと
つぶやきながら
花柄の扇子で窓をしきりにたたいていた

나이아가라 강변에서

어학연수단의 일원으로 꿈에 그리던
나이아가라 폭포에 도착했다
사진으로 보고 말로 듣던
그 폭포는 정말 장관이었다
그 규모는 엄청 크고 높았고
눈은 더 크게 뜨이고 소리도 우렁찼다
귀도 더 깊게 뚫렸다

한여름 밤의 뜨거운 손가락이
강물을 끌어안고 폭포 아래로
뛰어내리는 짜릿한 순간
운무 속에 비명은 터져 올랐다
한동안 눈 감고 귀 막은 채
나이아가라와 이야기하니
강변 가장자리 수풀 위로
잠자리 떼 날갯짓 따라
물새 떼들이 뒤따라 날아드는데
온 세상 굉음을 털고
뜨거운 별 안고 등에는 식어버린 땀 진 채
눈감고 귀 막은 채 폭포 속으로 뛰어내린다

잠시 후 다시 태어난 나는 시원한 강물 한 모금을 탄산수
처럼 내뿜었고
운무 속에 떠올랐다가 사라지는
모습도 지켜보았다
짜릿한 연수와 여행의 행복감에
젖고 느끼면서…

* 1991년 9월 초 미.캐나다 어학연수의 관광 과정 중에서

On the Banks of Niagara

As a member of a language training group, I arrived at the Niagara Fall I had long for.
The fall that I had seen in picture and heard about were spectacular.
The scale was enormous, the height was high and the sound was loud. My eyes opened wider and my ears listened more deeply.

A scream burst out in the mist
as the hot fingers of a midsummer night embraced the river and jumped down the waterfall.
For a while, with my eyes closed and ears plugged, I talked to Niagra, and over the bushes on the edge of the river,
a flock of water birds followed the beating of the wings of the dragonflies,
shaking off the loud noise of the whole world, with the hot sun sweat on my back.
And I closed my eyes and plugged my ears and jumped into the waterfall.

After a while, I was reborn, and I spit out a sip of cool river water and watched it float up and disappear in the mist.
I felt and soaked in the thrilling training and bliss of journey.

__Yoo Jageun On the Banks of Niagara
translated by 유자근

◆ 저항시 ◆

야산 풀숲 위에서

어느 무더운 여름 날씨에
지병인 허리 신경통에 시달리다 못해
거닐던 야산 기슭 풀숲 위에
나도 모르게 쓰러지듯 주저앉아 버렸다

잠시 후 현기증에서 깨어나 보니
누가 먹다 버린 일회용 플라스틱 접시 위에는
아직도 성한 과일이 남아 눈길을 끌었고
때마침 거세게 이는 상승 바람을 타고
눈앞의 키다리 상수리나무 가지 위에
걸터앉아 있는 또 하나의 나를 발견했다
그는 아래쪽 풀숲 위의 한 인간이
그 먹다 버려진 성한 과일에서 허기를 느끼면서도
"혹시 독극물이 주입되었을지도 몰라"라고 망설이면서
힘준 입술을 이죽거리고 있었다
"사약을 마실 때는 북향재배를 해야 하느니라"
풀숲 위의 사나이가 재빨리 되쏘았다
"지금 정치한다는 놈들 대다수와
썩은 생명을 더러운 돈으로 연명시키는 놈들에게…."
바로 그때 갑자기 보라매에 쫓긴 새 떼들이 사라지자
굵은 빗방울이 떨어지기 시작했다
두 사나이들도 온데간데없이 사라졌다

또 스마트 폰이 귀엽게 울리고 있었고
티 없는 야생화의 진한 향기 속에
뒤따라 떠오른 영상들의 읊조림도 뒤섞여 있었다
“이제 늙은 개 처지가 되었지만
그래도 산길을 가리키던 그 개소리를 더 내면서….”

매미 소리 구분조차

올해도 칠월 말이라 그런지
무더운 날씨에
지겨운 장맛비가 그치는 듯하더니
낮잠이 찾아들려는데
창밖 소공원에서 쏟아지는
매미 소리가 시끄러워
창문을 여닫다 지쳐 베개를 내던지는데
외출한 아내의 전화가 걸려 왔다.
'그 귀에는 또 매미 소리 구분조차 안 되어요?' 앙칼진 소리에
갑자기 허리통증이 시작되고 뒷골이 당기자
억지로 가라앉은 무료감이 솟구치면서
너무 오래 살고 있는 자신을 돌아보게 한다
흔해 빠진 tv의 트로트 프로와
여야 간의 정쟁 지랄 질 모습에서
역겨운 피로감에 젖어
낮잠이 들려는데
창밖 어린이 소공원에서 솟구치는 잡음 속에서
내 또래 퇴직 교직자들은
'무슨 재미로 살아갈까'란 어귀 가닥을 뽑아 본다
'여자 친구는 있는지 소변도 잘 못 가리는 처지일 텐데'

갑자기 전화벨이 울렸다
'귀에 매미 소리는 누구나 다 나는데
무슨 잡생각에 빠져 전화는 안 받노?'
또다시 창밖에서 매미 소리가 쏟아져 들려왔다

어느 주말의 산행

요즈음 산행 때마다
'나이는 못 속인다'는 그 흔한 소리가
헛소리가 아니란 생각을 하면서
그 쉼터를 바로 눈앞에 두고
또 주저앉아 가쁜 숨을 내쉬면
노년(老年)을 느끼는 안타까운 한숨이
또래 물 만난 계곡물의 환성에 섞여
야릇한 화음을 이루어 낸다

잠시 후
정신을 차리고 눈길을 돌리니
굽이진 산자락 길가에는
어쩌면 바로 내 자신 같기도 한
어느 얼빠진 한 인간이
아무렇게나 내버려진 신문 쪽에 드러난
지저분한 속물 정치인들의 이름 위에다
진한 욕설을 내뱉고 있었다
그런데
초여름 기나긴 오후의 햇살이
뒤엉킨 나뭇가지 잎사귀들을 비집고
지나간 모든 허상의 탈을 벗고
또 다른 참된 삶을 살려는 내 영혼을
시뻘건 철판 위 삼겹살처럼 사정없이 구워대자
그래도 겨우 남겨진 내 입술은
뜨겁게 주기도문을 읊조리고 있었다

한식(寒食) 성묘(省墓)와 환상

오늘도
주일 미사 시간에 앉아
자꾸만 예뻐 보이는 성모상을 바라보다가
불경스럽게도 비몽사몽간의 회상에 빠졌다

엊그제는 한식(寒食) 성묘를 하던 주말이었다
두 아들의 부축을 받으며 우리 내외도 선산에 올랐다
짧은 휴식을 즐기는데 피로감을 제치면서
낮은 감탄조 목소리가 새어 나왔다
"선산 주변의 도래솔조차 잘려진 그 민둥산이
이렇게 우거진 나무숲으로 바뀐 것도
어느 위대한 대통령의 선견지명으로…"
그러자 성깔 있는 막내의 시비조 목소리가 튀어나왔다
"아버지! 그만해요. 또 그 어느 대통령 이야긴가요?"
이내 큰애의 굵직한 목소리가 가로막았다
"아빠(아직도 그네들끼리의 호칭이다) 스트레스 너무 주지 말아라
아버지는 시해되고 그 딸은 탄핵받았으니…"
그러자 불교에서 가톨릭으로 개종했다가 냉담자로 돌아선 아내가
호미를 내던지며 끼어들었다
"업보이지, 업보!"
그때 갑자기
나는 까닭 없이 세 모자(母子)들에게 냅다 소리 질렀다
"그놈이 다 그놈이야! 큰 탈 없는 여자 대통령 탄핵해 놓고.

너희들은 늘 내하고는 반대이지?
내 죽거든 화장해 암데나 뿌려버려
선산은 외면한 채 등산은 잘도 다니겠지만."
한참 후 가벼운 분심(憤心)을 가다듬는데
어느 주일 미사에서 열기를 더해가던 신부님의 정치성 강론이
내 머릿속에서 동영상처럼 이어지고 있었다
그런데 그때 아내 말에 동조하는 막내를 나무라는
큰애의 말투가 이어졌다
"… 아빠는 내가 고3 때 몇 번이나 '노동가치설이란 것은
통째로 잘 삶아낸 후 먹어야 한단다.'라고 말씀하셨어.'
그때마다 나는 아빠가 전교조 소속 교사인 줄로 착각하면서
삼겹살 생각만 했지."

이윽고
또 회상은 그날로 이어졌다
"…평화를 빕니다." 이어서 영성체가 시작되었다.
서둘러 화장실을 벗어나 뒤뚱거리다가
시원한 바람에 자세를 가다듬고 뒤돌아보니
꽃향기 속에 더 웅장해진 성당 주변에는
바람에 날리는 벚꽃잎을 앞세우고
오늘따라 더없이 자비로운 성모상이
또 하나의 색 바랜 영상을 뒤세우고
또렷이 떠오르고 있었다

어느 사나이의 독백

5월 말 가는 봄의 심통으로
유달리 당겨진 한여름 더위 탓인지
어느 사나이의 뇌 속 저장 공간으로부터
그녀의 모든 영상이
강물처럼 빠져나가고 있었다
그러자
요즈음 들어 더욱 흐릿한 그의 눈길 앞에서
지난날 소중한 추억의 파일이
치솟는 배신감으로 전신을 떨면서
거세진 물길 속으로 잦아들고 있었다

잠시 후
노거수 그루터기 하나가 떼밀려와
공룡의 거대한 시신처럼
발밑 둔치에 걸쳐 누웠다
그러자 늘그막에 여편네들 구박에
다리 밑 그늘 쉼터로 내몰린 동네 영감들처럼
센 물살을 피하는 잔챙이 물고기들이
새 세상 만난 듯 득실거리기 시작했다
바로 그때 치솟는 들꿩의 날갯짓 소리에 놀라
그는 눈앞을 내려다보았다

그런데
그 고목 그루터기의 옆자리에 누운
바로 그 자신의 몸뚱이에
예수님이 생명의 기운을 불어넣고 있었다
그는 눈을 비비고 또 비비면서
자신의 몰골을 내려다보았다
그럴수록
그 두 와상(臥像)은 생기를 찾아 더욱 또렷해졌다
갑자기 그는 눈에 생기를 띠며 소리쳤다
“야! 내 눈의 시력이 되살아났다
나는 이제 새 삶을 살 수 있겠어!”

뜨거운 열기를 받아

올해는
오월 말 늦가는 봄이 유난히 더워
속 뒤집는 울화통까지 겹친 탓인지
앞선 세대의 희생 위에 피운 번영을
갈가리 찢어 물어뜯는 망나니 족속들을
고진도 지진에다 불 심판을 더 얹어
내 한 몸 죽으면서 솎아내고만 싶다

엊그제 소나기 내린 남천* 강둑에
나는 그 옛날 숫된 소년처럼 서 있는데
지난날 추억들이 뒤엉긴 채
긴 파일이 되어 급류 속으로 흘러들어
갑자기 큰 그루터기 하나로 둔갑해
거대한 공룡의 시신처럼
발밑 둔치에 걸쳐 누워 있었다

그러자 그 옆쪽에는
늘그막에 다리 밑 쉼터로 내몰린
낯익은 동네 영감들과 함께
센 물살 피하는 잔챙이 물고기가 된 채
강물 속으로 흘러드는 또 다른 파일 속에서
그 어느 낡은 추억들을 건지려고
핏발 선 눈길을 곤두세우고 있었다

* 남천 : 경산 시내를 남북으로 관통해 흐르는 큰 하천

가발점에서

오늘 아침에도 부족한 잠을 느끼면서
눈을 비비고 잠자리 주변을 돌아보았다
여전히 초점이 잡히지 않는데도
밤사이 빠진 머리카락 여러 개가
눈 안에 들어온다.
하나 둘 셋… 세다가 지쳐
애써 눈을 돌리면 또 다른 가닥이 나타난다
갑자기 화가 치밀어 TV 화면을 바꾸자
안면 있는 대머리 연예인이 나타났다

또 화면을 바꾸고
가벼운 욕설을 신나게 퍼붓고 나니
엊그제 가발점에서 몇 가지 가발을 써보고
한참 동안 실소를 터뜨린 일이 떠올랐다
거울 속에 나타난 어디서 본 듯한 지난날의 내 모습을 보고
"당신 누구요?"라고 나는 읊조렸다.
세월에 앞서 늙느라고 기죽은 나를 아니꼽다는 듯
나보다 한 십 년은 젊은 듯한 그 햇노인은
귀찮은 듯이 웅얼거렸다
"당신은 나를 모를 수도 있을 거요 기억력이…"
나는 얼른 가발을 벗어 세월 속으로 던져버렸다

한개마을의 가을 정취

무슨 삼재수라도 낀 해인지
올해는 유난히 긴 늦더위가
여름과 가을의 경계선을 지워버리자
온 산야와 마을은 주눅이 드는데
그래도 들판은 풍년으로 익어가고 있다

도랑가 잎 성긴 동수나무 그늘에
과일값 폭락에 속 뒤집힌 한 촌로가
갓 배달된 석간 경제면을 욕설 반 글자 반으로
어느 대머리 중년 뒤통수에다 읽어 줄 때
한더위로 정기 빠진 나의 눈에는
나지막한 앞산 능선은 자꾸만 높아지고
이제는 씻기지 않을 건망증 따라
힘든 하루살이는 자꾸만 나를 짓누른다

이윽고
오늘도 석양은 서둘러 찾아오고
낮잠 깨어난 동네 개들이
폭염에 잎 떨린 늙은 감나무를
새 세상 만난 쌍놈들 양반 욕하듯 짖어대자
또다시 철 이른 홍시 하나가
깔끔한 골목길 위에 떨어져 움츠린다

* 한개마을 : 경상북도 성주군 월항면 소재
성(덧말:星)산(덧말:山) 이(덧말:李)씨(덧말:氏) 집성촌

그해 가을 소묘(素描)

어지간히 끈질긴 지난해 늦더위는
갖가지 과일의 당도는 높여 놓았지만
아까운 한 친구의 죽음과
어느 치매 낀 지인의 안쓰러운 세상사 이야기는
간헐적인 지체 장애에 곁들인 시력 악화로
요즈음 들어 더 얼룩지는 내 건망증 위에
씻기지 않는 피로감을 덧씌워 놓았다

그날도
내가 곧잘 드나들던
그 한산한 산 밑 오르막길 가에는
건강을 위한다는 초로(初老)들의 걷기 행보가
저승길 예행연습처럼 힘들어져 가는지
시답지 않은 언덕에 막힌 채
노후의 힘든 하루는 서둘러 석양에 묻히는데
산허리에 걸친 초가을 해를
아쉬운 심정으로 붙잡아보지만
온 들판 위로 짙어가던 그 풍년의 모습을 안은 채
산 능선 그늘 속으로 자꾸만 잦아지고 있었다

일흔 살에 들면서

하루가 다르게
자꾸만 기력이 쇠한 탓인지
오늘도 불청객 낮잠에서 깨어나
정신없이 외출준비를 해댔다
그런데
새파랗게 젊던 모습이 머물던 손거울 속에
간신히 비집고 들어 온 낯익은 영상 하나가
초로(初老)에 일그러진 내 모습이 가소로운지
자꾸만 이죽거리고 있었고
칠십이란 울타리 앞에 기죽은 채
나는 한없이 깊은 사색 속으로 빠져들고 있었다

잠시 후
고개를 들고 창밖을 내다보니
이제 긴 폭염에서 벗어난
성암산 중턱의 능선 위에는
한여름 뙤약볕에 지친 흰 구름 무리가
긴 그림자를 그리며 드러누워 있고
진정한 사랑이 무엇인지도 모르면서
숱한 정담을 나눈 그 오솔길 위에
또 하나의 낯익은 영상이 나타나
찢겨진 추억의 흔적을 되살리는데
오늘따라 더 빨리 늙는 그를 둔 채

시간은 그 모든 것을 다 잊으려는지
자꾸만 세월 속으로 사라져 가고 있었다

* 성암산 : 경상북도 경산시 서쪽에 위치한 산

제2부

애틋한 추억

내 눈동자 속의 손거울

Lucifer

the morning star like the Virgin Mary in my mind

요즈음 들어
때 묻은 내 손거울을 통해
내 눈 속 수정체 속에서 그녀의 얼굴을 들여다 보면서
깊숙이 인각된 그녀의 미소를 찾는 탓인지
나의 시력과 기억력은 자꾸만 나빠지고 있다
그러다 나는 종종
온갖 삶의 욕구가 요동치던 내 가슴 속의 그 궁전들이
언제부터 왜 퇴색되었는지를 서툰 명리학으로 풀어보곤한다

내 눈에 비친 그녀의 모습은
신유(辛酉)* 일간(日干)*이라
그런지 차갑게 단정한 차림의 옷을 입고
가볍지 않은 강박관념(强迫觀念)과
결벽증(潔癖症)에 시달리는 그녀의 천성에
봄기운을 불어넣다 지쳐버린 나는
그래도 잊어버릴 수 없는 그녀의 매력 탓인지
자꾸만 초라하고 소심해진 내 모습을 찾아보게 된다

이제 그녀가
끈질긴 내 온기에 감명이라도 받아
세련된 꽃무늬 옷 위에 꽃향기를 풍기려는지
융통성 없는 고집도 시들어져가는 이 가을에
가녀린 노구를 곧추세우는 옷자락에서

쏟아져 내리는 꽃무늬가 눈에 돋보여
억세게 늦 깨는 한 바보가 된 채 조용히 읊조리고 있었다
“이제는 내 별이 된 여인이여!
내 눈동자 속의 손거울에
또렷한 모습으로 다시 떠오를 그때까지
나 여기 한 그루 나목이 되어 새봄을 기다릴게요!”

* 신유(辛酉)와 일간(日干): 명리학 기초 용어[신유는 육십갑자의 하나, 일간은 태어난 날 (日柱)의 위 간지 여기서는 辛酉 중 辛을 지칭

그 산길을 다시 걸으니

다른 사람들처럼
평소에 약간은 대비를 했지만
정년퇴직에 뒤이은 허탈감은
나에게도 만만치 않은 불청객이 되었다
오늘도 가까운 낯익은 산을 오르다가
끈질긴 허탈감에 이은 환상에 빠져들기도 했다
나뭇가지 위에서 지저귀는 산새 같은
그녀의 신들린 말재주에 홀렸는지
온갖 생각들을 억누른 채
새하얀 낮달만 쳐다보고 있었다

겨우
미끄러운 산길을 벗어나
한숨 돌릴 틈도 없이
또다시 환상의 세계로 찾아가 보았다
그날 그렇게 나를 스쳐 가면서
유명을 달리한 줄을 까맣게 모른 채
가끔 진심으로 행복을 빌어 준 그녀를
이 산길 위에 다시 세워
서로가 부축하며 발걸음 내디딜 때
민들레 꽃 씨앗은 하얀 날개를 매단 채 맴돌고
잊혀진 세월 속으로 시간은 흘러가는데
또 다른 상상의 꿈을 가꾸며
그날 못다 한 조용한 밀어를 만들어 낼 때
산자락에 깔리는 어둠을 야생화들이 막고 있었다

낙엽 속에 묻힌 밀어를 들으며

긴 늦여름이 쫓겨 간 탓인지
어느새 서산은 단풍색으로 짙어가고
더러는 성깔 있는 햇 낙엽이 바람에 날리어
후미진 계곡 밑 해묵은 낙엽 위로
또 새 낙엽층을 쌓아 가는데
밑바닥 좁은 술잔을 비우는
애잔한 노년의 조심스러움으로
자꾸만 흩날리는 낙엽을 헤아리며
내 나이만큼이나 많아지기 전에
서늘한 바람결에 자꾸만 날려 보냈다.

이슥고
계곡 가 그 소나무 숲 아래로
한바탕 광풍을 이루던
낙엽 품은 산바람이 잦아지고
한낮의 따사로운 햇살이 미소를 보내자
나는 그 오솔길 낙엽 쉼터에 앉아
곧 뒤이을 겨울을 맞고
또다시 찾아올 그 봄날을 위해
더 두터워진 낙엽 속에서
자꾸만 도란거리는 그 지난날의 밀어들을
옷깃을 세우며 품속에 담아 넣었다.

애틋한 추억

요즈음
해 질 녘이면
나는 곧잘 산길을 걷는다
그러노라면
사랑이 무엇인지도 모르면서
앳된 밀어를 남긴 그 산길 위에서
아련한 추억을 캐내는 나의 모습을
산 능성 위 흰 구름 조각들이
말없이 황혼 속으로 파묻어 버린다

이제
긴 폭염에서 벗어난
성암산* 중턱의 관목 숲에는
온갖 생명체의 새로운 욕구가 솟아나는데
조용히 눈을 감고
천천히 발걸음을 내딛노라면
애틋한 그 추억이 매달려 있다

* 성암산 : 경상북도 경산시 서쪽에 위치해 대구시 수성구와 경계를 이루는 산

기다리는 사람

가끔 외롭다고 해서
사랑하는 대상이 없는 것은 아니다
그렇다고 가까운 것도 아니고
멀어지는 것도 아니라서
그렇게 애닳게 그리워할 리도 없는데
어느 날 삶의 젊은 틈바구니에 끼어 끙끙거리고 있을 때
갑자기
언덕배기 내 발길
기세 치솟는 산비둘기처럼
숨 멈출 듯 주저앉은 나를 뒤돌아보면
야멸찬 그 눈초리가 내 등 뒤에 깔리는 곳인데
오늘, 이 산비탈 길 연륜이 새겨진 깡마른 손길로
어지간히 닮은 내 손잡아주는
향긋한 그녀의 체취에
내 질긴 삶을 이끄는 손목에 힘을 실어 준다
때로는 꽤 오랜 연인이 된 당신도
역시 믿을 수 없는 사람이 되어
흐릿한 내 기억 속에서
사라져 가야 할 대상인데
지난날 돌이켜 보면서
가슴 터지게 치솟는 못다한 그 밀어를
들려 줄 누구를 찾는 것도 아니다

무제(無題) 아닌 무제(無題)

깜박 든 초저녁잠에서 깨어나
창밖을 내다보았다
먼 산봉우리 위에는
시원스런 보름달이 걸려 있었고
귀뚜라미 울음소리가 들린다 했더니
집 앞 소공원 느티나무들이
초가을 잎 떨구는 소리를 듣고 있었다
그러다 어느 친구의 전화로
한동안 잊힌 한 여인의 부음(訃音)에 심상해져
억지로 마신 술로 아무렇게나 허우적거리는 나를
우습다는 듯이 비웃고 있는 또 하나의 내 몰골이
유령처럼 부리나케 창밖으로 도망질치면서도
또렷이 중얼거리고 있었다
“병석(病席)의 니놈*에게
애매한 웃음만 남긴 그녀의 환상에
또다시 헷갈리고 있다니
이제 어지간히 치매가 깊어지는군!”

이윽고
한동안 멍한 채 앉았다가
눈앞의 종이쪽에 눈길을 주니
아무렇게나 끄적거린 낙서 같은 시구(詩句)가
내 마음을 달래주고 있었다

그러다 귀뚜라미 울음소리에 이어
밤바람에 날리는 낙엽 소리를 듣노라니
가버린 사람의 끈질긴 환영(幻影)을 뒤따라
창문 안으로 얼굴을 들이미는 달빛과 함께
가슴 미어지는 갖가지 그 옛일들이
용광로 속 들끓는 쇳물이 되어
공간 좁은 내 머릿속으로
쏟아져 들어오고 있었다

* 니놈 : 네놈의 경상도 사투리

추억의 성암산* 산길에서

성암산 기슭에
5월의 신록이 짙어갈 때
키 높이 어린 소나무 사이에 쌓인 낙엽을 헤집고
산 풀은 새 삶을 내딛느라 아우성인데
우리는 앉을 방석 자리를 만드느라 낙엽을 다듬었고
해묵은 돌이끼만큼이나 테 많은 연륜 위에다
순진한 10대로 되돌아간 철부지가 되어
하늘빛 도화지 위에다 새하얀 구름집을 그려 넣었다.

가끔씩
어떤 해질녘에 서서
우리들이 찾아와 보살핀 그 꽃들이
호젓한 등산길 가에서 앳된 밀어를 나눌 때
나뭇잎 떨리는 애잔한 소리 너머로
어느새
또 가을은 찾아오고
상수리나무 잎사귀 위로 바람이 일면
해묵은 낙엽 위에 또 낙엽이 떨어진다.
가만히 낙엽을 밟으며
그 속에 묻힌 사랑의 밀어들을 캐는데
어느덧
성암산 기슭에는 저녁놀이 깔리고
활엽수잎들만 뒤섞여 날리는 그 자리에

나는 말 없는 한 그루 나목이 된 차
또 5월이 오고 새 밀어들이 만들어질
그날들을 기다릴 것이다.

* 성암산 : 경산시 서쪽에 소재하며 대구시 수성구와 접경을 이루고 있는 산

그녀의 초로(初老)

오늘도 가벼운 실랑이가
무거운 언쟁으로 바뀐 탓인지
초로를 넘기느라 성숙되던 감정이
연륜을 벗어버린 분노의 소음이 되어
깔끔한 마루 바닥재 위에 무겁게 깔리는데
아깝게 가는 세월을 얼굴에 붙잡느라
어지간히 지친 여인을 휘감고
차가운 출입문 곁에 밀착되어 신음한다.

올봄 5월 초순에도
지난해 이맘때처럼
삼성산* 싸리나무 숲길을 헤치고
어릴 적 숨바꼭질하듯 늙다리 산나물 캐노라면
봄은 또 저만치 달아나고
굴참나무 위로 초여름 햇살이 쏟아지는데
어느새 잇닿을 가을이 낙엽을 떨굴 생각에
그녀의 눈가에는 새 잔주름이 자리를 잡고
지난봄이 오솔길 어귀에 쌓은 아련한 추억 곁에
또 다른 봄의 나이테가 새겨지고 있다.

그런데 갑자기
때아닌 강풍이 시샘을 하느라
해묵은 낙엽들을 산 아래로 휘몰아쳐도

청록색 관목 숲은 느리게 흔들리고
산새들은 힘찬 날갯짓을 하는데
철 이른 단풍 향취에 생동감을 얻었는지
속속들이 선한 그녀의 얼굴에는
오랜만에 밝은 미소가 감돈다.

* 삼성산 : 경산시 남산면 상대리 남쪽에 소재하며 남천면과 접경을 이루고 있는 산.

손거울을 들여다보노라면

요즈음 들어 종종 습관처럼
때 묻은 손거울을 들여다보노라면
또 하루치 피곤한 삶을 닮아
그래도 자꾸만 흐려지는 수정체 속에서
그래도
땅두릅처럼 솟구치는 노년의 욕구가 머문다

돋보기를 바꿔가면서
읽던 책을 덮고
다달이 나빠져 가는 시력을 탓하다가
모조리 썩어 문드러져야 할
역겨운 정치꾼들 이름이 득실대는 신문지 위에다
온갖 소지품 나부랭이를 내팽개치다가
을사오적이나 주사파 옷 걸친 양반 찌꺼기들인
더러운 정치판 매국노의 위선이 뒤엉킨 잡목들을
갑자기 괴성을 지르며 미친 듯이 발길질을 해대자
서산 허리춤 교목들은 황혼 속에 흔들리는데
어느 가녀린 실가지 위에
얼룩진 깃발들의 기센 펄럭임 속에
그녀의 화사한 웃음꽃이
매달려 피고 있었다

낮잠은 들려는데

엊그제 말복이 지난 탓으로
기력이 쇠잔한 탓인지
갖가지 잡념이
설익은 계란 반숙처럼
자꾸만 내팽개쳐진다
그런 어리버리한 내 머릿속에
오늘따라
꽤 오랜 친구 겸 인생 상담사가 된
어느 얼굴이 자꾸만 그립다
고개를 들고 눈을 껌벅이다
두 손으로 짓눌러보기도 하는데
어느새 피곤한 내 동공 속에
또 그 얼굴이 머문다

잠시 후
알맞게 때운 간식이
성급한 낮잠을 불러오는데
읽다 둔 책 표지 위로 살며시 떠오르는
개성 짙은 그 실루엣을 다시 보려고
두 눈을 부비노라면
한더위 숫매미의 목청 터지는 절규에
선잠은 저만치 창밖에 떠도는데
새하얀 낮달 옆에는
또 화사한 그 얼굴이 머문다

진달래 비탈길에서

산자락 비탈길에
진달래가 만발하고
한 때는 소녀였던 그들이기에
그 옛날 소꿉 시절 떠올리며
마음껏 조잘거려 본다

다리는 휘청거리고 허리는 아파도
개나리꽃 향기로 새 기운 차리고
또 다른 노년의 삶을 설계하려고
힘 빠진 팔에 새살을 덧보태고
소녀적 가슴 속 진한 웃음꽃 피우며
이제는 온갖 것 다 내려놓고
정답게 걸어간다

제3부

새벽녘의 환상

황수탕을 지나면서

오늘도 하루해를 보내는가 보다
붙잡고 싶지 않아서인지
더 더디게 가는 하루해가
서쪽 산마루로 기울기까지
하늘은 더 높고 황도는 멀어서
7월의 오후는 뜨겁게 익어 가는데
마무리 잡무에 남은 기력 다 쏟아 버리고
내 인생만큼이나 낡은 승용차 몰고 있으면
내 뱉는 거친 질주음(疾走音) 속
죽음의 정적이 근접하는 순간에
또 덧쌓인 하루의 피로가 잊히기도 한다

전신(全身)은 열기(熱氣)받아 판단마저 무디어도
얄미운 추월자에게 퍼붓는 욕설에
피로는 또 다른 피로를 만드는데
지나간 50년 세월이 차창에 서린다
떠올리지 말아야 할 그날들
생각해서는 안 될 여인들
티 없이 맑고 꿈 많던 날의 그 밀어들이
장시(長詩)의 시귀를 이루며
찰거머리처럼 무섭게 달라붙는다

이제 내 힘든 삶도
조용한 휴식을 원하는 듯
외진 산 밑 작은 어촌 축항(築港)
빈 배를 붙여 대듯이
황수탕* 마을 어귀에 차를 세우면
폭염은 발악하듯 복사열로 뒤덮여 오는데
그 옛날 일제 말엽
할머님 황물 마시러 오가셨다던
한 널린 그 산 밑돌 자갈길은
지금은 산뜻한 포장길이 깔리고
실개천 가 둑길엔
그때 그 초목들이
할머님 억센 손길처럼
싱그러운 냄새 풍기며 기 세게 서 있다

* 황수탕 : 경북 영천시 고경면 덕정리에 소재한 약수터
경주 계림고교 재직 시 토요일 오후 경산 본가 귀가길에 통과하는 황수탕 입구길에서 그 옛날 할머님이 황물 마시러 오가셨던 일을 poetic theme로 한 시

풍년 들판을 보면서

올여름의 긴 열기가 꺾이자
하늘은 더 맑고 높아지고 있다
아직 해는 서쪽 하늘 높이 떠 있는데
자꾸만 눈앞에 와 닿는
초가을의 정취에 이끌려
집 앞에 펼쳐진 가을 들길로 나섰다

나는 어느새
할머니 손잡고 메뚜기 잡던
아련한 기억 속을 찾아 들어가
첫 손자 걸음걸이 흉내로 휘저어 걷다가
메뚜기 한 마리 없는 논두렁길 위에 앉아
지금은 흔적도 없이 사라진
그 옛날 아담했던 들판 모습을
한 무리 아파트 숲 위에 되살려 그려놓고
그 도랑가 논두렁에서 메뚜기를 찾아 나섰다

이윽고
가만히 눈을 감은 채 벼 이삭 스치는 실바람 소리 따라
할머님 자애 어린 잔소리를 되살려 듣는데
그래도
황금빛 온 들판 위로
초가을 정취는 자꾸자꾸 짙어만 갔다

두 여인의 모습

지난밤 꿈속에서
어린 날의 내 삶이 묻힌 곳을
찾아보고 한없는 기쁨에 젖어 들었다.
가끔씩
윗마을 들일 나가시던
할머님 뒤따라 봄나물 캐며 뛰놀던
그 야산 기슭 초록빛 둑길 주변과
잔병 잦던 자식 위한 어머님의 용왕(龍王) 먹이는 기도가
조용히 녹아 흐르던 냇물 가 칠성바위 터

아직도 꿈 덜 깬 내 눈앞에
녹음이 짙어 들면
갖가지 어린 꿈이 익어가던
그 야산 들머리 능선은
거대한 고층 아파트에 묻히고
둑 터진 냇가 무너미터
키 높던 이태리포플러 숲 너머로
황혼이 드리워지던 서쪽 하늘마저 가로막히자
갑자기 울먹거리는 내 가슴 속에
또렷이 담겨지는
두 여인의 그때 모습

토요일 퇴근길에

오늘도
오래간만에 느껴보는
한가한 토요일 오후
한 주일간의 객지 근무를 마치고
온 가족 그리운 얼굴을 새기며
또 한 번의 작은 만남을 위해
낡은 승용차에 갈 길을 재촉한다
그러노라면 그도 내 삶을 닮았는지
저만치 스쳐 가야 할 고향 산턱에 걸려
힘든 숨을 헐떡이고
아파트 숲속으로 사라진 고향 마을 터가
서둘러 해 기운 서쪽 하늘 너머로
새하얀 낮달을 물들인 저녁놀 받아
환한 얼굴로 웃음 짓는다

그 지난 어린 시절
허리 휜 할머님은
들일 다니시던 샘못 둑길 위에서
메뚜기 잡느라 뒤처진 어린 나를
한참씩 기다리며 허리 곧추셨고
한 많은 어머님 토닥이시며
가는 세월 앞당겨 사시느라

흰 무명옷 환상이 된 채
사라진 마을 터 저녁놀 받고
억센 손 마주 잡고 말없이 서 계셨다

아버님 생각

일흔 가까워지면서
웬일인지 종종 아버님 생각을 하게 된다.
요즈음 기억력도 희미해지는데
그래도 지난 어린 시절은
왜 그렇게도 소상하게 떠오르는지
어쩌면 죽을 날이 가까워져 오는 탓이라 여기면
가벼운 공포감이 뒷머리를 감돈다.

가만히 생각해 보니 내 나이 여남은 살 때 어느 날
할머님은 장난감 같은 작은 지게를 갖고 와
이웃 어른과 동갑내기를 따라
산에 가 갈퀴나무를 해 오라고 하셨다.
아이들과 마음껏 뛰놀 수 없게 된 나를 보고
이웃 누나들은 '벌써 팔자 곰팡이 꼈네*!'라고 수군거렸다.
족쇄를 벗어나려는 듯 발버둥 치다가
"아부지예! 아부지가 있으면 나 저 지게 안 지겠지예!"라고
처음으로 아버지를 부르며 서럽게 울었다.
근엄한 할머님의 울음소리에 이어
이웃 누나들도 함께 소리 내어 울었다.

그날 이후로
할머님 눈물을 보지 않으려고
아버지 생각을 어린 가슴 속에서 깡그리 지워냈다.
세월이 어지간히 흐르자
나에게도 어느덧 두 아들 녀석이

그날 나처럼 커 가고 가끔 제 할아버지 제삿날이 되면
할아버님 살아 계실 적 이야기를 묻곤 했다.
일본군 징용 가셨던 과거사에 이야기는 묶인 채
세월은 자꾸만 흘러갔다.
드디어 일제강점하강제동원피해 심의.결정통지서*에 의해
나는 그 유가족으로 보상을 받게 되었다.
아버님은 가신 지 사십여 년 만에
우리 가족을 위해 또다시 헌신하신 것이다.
보상 통보를 받고 나서
조용한 야산 발치에 선산을 마련해
아버님을 위한 유택을 마련하려는 기도에 이어
정성 어린 위령 헌금도 했다.

평생 처음으로 효도하는 것 같았고
아버님 생각을 하고 아버님 꿈을 꾸는 것이
한없이 자랑스럽고 행복한 일이 되었다.
이제는 자식들에게
그들의 할아버지가 살아가셨던
짧고 희생적인 삶을 터놓고 말할 수 있게 되었다.
그 옛날 나의 어린 시절
지게를 지지 않으려고 바둥거리면서
돌아가신 아버님을 원망해
할머님을 가슴 아프게 했던 그날을 떠올리면서.

* 2007년 7월 10일 자 일제강점하강제동원피해 심의.통지서
* 낐네 : 꼈네의 경상도 사투리

세 실루엣

열두 살 나던 해 늦가을
그때도 들머리 야산 옆 외갓집 밭에는
뽑다 남긴 무 한 고랑만이 온 들판을 지켰고
밭 언저리 경계선 풀죽은 죽정이 수숫대처럼
석양빛 역광 속에 등 굽은 할머님과 외할머님
황혼에 물든 텅 빈 들판 위에
무명옷 망부석으로 굳어지던 두 실루엣

스산한 바람 소리에 깡마른 수숫대들이 떨고
석영조차 사라진 텅 빈 그 들판 속
기억조차 퇴색된 두 할머님 영상 옆에
아무렇게나 내팽개친 내 모습
그 짙고 검은 머리칼은
어지간히나 마신 분필 가루 탓인지
탈모와 백발로 일그러진 채
사라진 지난날의 포플러 숲 자리를
아파트 숲을 헤치고 찾느라고
오늘도 멍한 자세로 서 있는
또 하나의 실루엣

어머니 허상

아마도
그 토요일 오후인가 보다
나는 고향마을 들판에 서 있었고
논도랑 물소리가 들리고 있었다

어느새
서쪽 하늘엔 초승달이 떠 있는데
물고기 떼 헤엄치던 그 물웅덩이 터는
거대한 아파트에 짓눌려 있었다
풀포기 한 점 없이 메마른 골목시장 어귀
미꾸라지 행상 아주머니 주변에는
낯선 동네사람들 끼리 언성만 돋우고 있었다

이제
거머리 물논 일 다 마쳤는지
시장기 참느라 여윈 몸 움츠린 채
지는 해 등지고 긴 그림자 드리우며
굽이진 논둑길 너머
아파트 숲속 길 헤치며
희미한 허상으로 내 어머니 사라진다

환갑을 보내면서

가만히 생각을 해본다
그 아무런 것도 된 듯한 것이 없는데
하긴 한때는 정신없이 살기도 했지만
어쨌든 인생 60 고비를 넘겼다

아무리 생각을 해봐도
환갑이란 게 실감이 나지 않는다
건강이 좋은 것도 아니고
두발은 말할 것 없고 흰 턱수염도 솟아나
면도만은 더 열심히 하고
신통찮은 외모를 추스르며
마음만은 아직도 한창이라 생각하면서
나도 환갑이란 인생 60 고비를 넘긴다

남늦게 들어선 교직 생활이
벌써 35년을 넘기고
눈앞에 닥친 정년퇴직으로
좀처럼 흔들림 없던 내 마음에
길게 그늘이 드리워질 때
혼기를 넘기는 두 딸아이의 걱정거리가
빈 운동장 위에 진하게 깔려온다

어른들 옛 말씀에도

성가(成家)를 이룬 자녀에 친 · 외손자가 없으면
회갑연은 명분을 잃는다 했기에
조용히 회갑을 보낸 친구들처럼
특별 휴가나 연가의 형식도 갖출 수 없어
군 복무 중인 큰 녀석 빼고
두 딸과 막내 녀석만 모인 채
조용히 60회 생일을 보냈다
몇 달간이나 준비하고 용돈들을 도았는지
큰 딸애의 런닝머신과
아직도 학생인 나름대로의 마음 표시들에
색다른 진한 혈육의 정을 느꼈다
그 지난 시절 너희들 어릴 적
박봉에 시달리며 아쉬워했던 순간들이
밀물 되어 솟구치는 오랜 한(恨)을 잠재우면서…

새벽녘의 환상

나이가 들면
새벽잠이 없다더니
일흔을 넘긴 탓인지
새벽녘이면 꼭 잠이 깬다.
잠 깰 무렵에는 선명했던 꿈도
한참씩 요통을 추스르노라면
어느새 꿈을 꾼 그 기억조차 희미해진다

그런데
오늘 새벽 꿈속에서
오래전에 먼저 간 아내를 만났다
이윽고
한참을 뒤척이다 잠을 깬 채
창밖 남천 둔치 위로
떠 오른 아내의 환상에
억지로 눈을 비비고 앉아
젊은 날의 그 모습을 되새기는데
나만큼이나 늙어버린 아내가
말없이 눈물짓는 나를 보고 있었다
"가는 세월은 그 누구도 못 막는데…"라고 속삭이듯이

늦가을을 보내면서

나이가 많아지면
꿈도 늙는지
엊저녁 꿈도
육십 대 초 어느 해 가을의 하루였다
몇 달 만에 어머니를 찾아뵈었을 때
엉성한 머리에다 감기 든 내 모습에
'야야! 뭐가 널 이렇게 늙게 했나?'라고
말 못 하는 안타까움을 감추지 못한 채
목덜미 두드리며 애쓰시는 그 순간에도
긴 늦더위에 짧아진 가을은
논둑길 걸으며 세월에 매달리는 나를 두고
바람에 떠밀려 덧없이 지나가고 있었다

그런데 그 무렵
찢기어지고 퇴색한 달력 위에는
앙상한 나목(裸木)에 매달린 낙엽처럼
하루가 다르게 늙어가는 어머니 얼굴에
덧씌워지는 서러운 눈주름이
버티기 힘든 늦가을의 냉기 속에서
저무는 한 해의 아쉬움이 되어
한 무리 햇 낙엽들과 뒤섞여 휘날리고 있었다

또 다른 하루 삶을 가꾸면서

오늘도 일진(日辰)이 나쁜 탓인지
별다른 몸살기도 없는데
온갖 잡념들이 되새김질 되어
금방이라도 쓴 위액이 토해질 것만 같다
게다가 요즈음
자꾸만 나빠지는 시력과 이명에 시달리다
억지로 눈을 감는다
그러다 늦잠이 들어
꿈속에서 또 꿈을 꾸면서 하루를 되씹어본다

이윽고 내 코 고는 소리에
무언가 알 수 없는 아내의 투정이
나이보다 앞서간 탈모로
어지간히 늙어버린 내 노안 위에다
아무렇게나 황칠로 덧씌워진다
그래도
자꾸만 말대꾸 늦어진 나는
한참 후에야 치미는 분노를 참으려고
오늘 하루의 삶이 걸린 새벽꿈을 되살려
활짝 창문을 열어젖히고 눈을 감으면
화창한 햇살이 널린 소공원 수목 위에는
지난날 온 가족이 찍힌 가족사진이
건강한 웃음을 담은 채 펼쳐지고 있었다

산정을 오르면서

친구와 새벽 등산길에 나서기로 한
어렴풋한 기억을 되새기고
아직 어둠에 깔린 산길을 따라
성암산 산행에 나섰다
50대만 해도 별다른 부담감이 없었는데
산길은 어지간히 손질되어 있지만
연식 낡은 내 승용차는
자꾸만 초췌해져가는 나를 닮았는지
오늘도 숨 막히는 듯 헐떡거리다가
등반 차로에 주저앉는 신세가 된다

이윽고
낡은 차를 욕하다 나를 나무라다
가까운 도랑 옆 작은 바위에 걸터앉아
한동안 잡념에 빠졌는데
"우리 주제에 무슨 새 차를 산다는 생각이야"라는
아내의 시큰둥한 목소리가 들려온다
나이 50줄에 아직 헌 차를 끌면서
유복한 친구들에 기죽는 내 모습에 지치면서도
기세 좋았던 어릴 적 그때를 떠올린다

늙어 가는 아내 모습

요사이 몇 달 새 부쩍
아내의 흰 머리칼이 늘어났는가 보다
꽤 오래된 손때 묻은 손거울 속에
초로의 낌새가 도는 부스스한 얼굴을
억지로 밀어 넣은 채
앞 가리마 흰 머리칼을 죄다 뽑아 버릴 듯
웅크린 뒷모습이 무척 안쓰럽다

그래도
한때는 가는 허리에
몸짓도 가벼웠는데
이제는
아이들 뒤치다꺼리와
겹겹이 낀 궁기(窮氣)를 벗어나도
허리는 굵어지고
발걸음은 긴 연륜에 걸려
무겁게 걸려 있다
갑자기
그렇게 인각된 아내의 모습이
또 하나의 환영으로 명멸하면서
"모두가 다 내 탓인데.!"라고 중얼거렸다

이 가을에 생각나는 일

가을이 오면서
서둘러 옷 벗어 버린 채
추위에 오그라진 나목이 되어
아무렇게나 산길로 접어든다

올해는 좀 괜찮은 신수라 믿다가
비집고 솟는 해소 낀 기침을 뱉다가
아내의 옷차림 조언은 잊어 버린 채
갑자기 떠오른 그 지난 초년병 시절
괴팍한 선임자를 혼내주려다 참았던 분노로
낯익은 굴참나무에게 욕질을 했더니
어느새
내 복에 과한 착한 아내 모습이
또 그 길가에 서 있었다

성급한 낙엽이 바람에 날리지만
아직은 열기 짙은 태양 아래
산책로는 더 넓어져 가는데
산 개울 따라 걷던 그때 우리들 모습이
지난날 이야기를 꽃피우며
풍년이 익어가는 들판 위로
신나게 내달리고 있었다

생 솔방울 채취 여행

토요일 아침 오랜만에
늦잠을 자다가 이상한 꿈으로
잠에서 깨어났다
어느 해 한가을
날씨는 늦여름을 끈질기게 안고 있는데
어릴 적 윗마을 산기슭 당숙님 사과밭에는
잎 성긴 가지마다 새하얀 꽃들이 피어있었다

아직
그 사과꽃 꿈속에 취해 있는데
진주 손위 처남의 문자 메시지가 들어왔다
지난 만남 때 나의 치주염 고통을 유심히 들었는지
생 솔방울 발효주가 특효약이라서 9월 중순 채취하러
자기 야산 농장에 꼭 오라는 내용이었다.
농고를 나와 임업 조합장을 거쳤기에
가을 사과 꽃 꿈 이야기를 했더니,
솔방울 채취 후 점심 먹을 때
한 해 앞당긴 사과 꽃 발화 현상 등을
술자리 잡담식으로 설명하겠노라 했다

올해 5월 말 때 이른 여름 더위에
나잇값 하느라 지친 몸이라
처남댁 산 별장에서 토종닭으로 보신한 후

솔방울 딸 그날이 자꾸만 기다려진다
그러다 둘이 술 몇 잔 곁들이면
아마 그는, 봄인 양 여긴 과수의 앞당긴 가을 개화를
망쪼*가 될 내년 사과 농사를 대비할
영농의 대책을 말할 거고
이어서 나는, 명리학적 올해 신수를 곁들여
앞질러 가는 삶이 순리가 아닐 때를 대비할 것을 강조
할 테지

더러는 서로 엇갈리다가도
합일점을 찾는 정담이 깊어지리라
그러다 상당한 인격을 갖춘 손위 처남도
나의 말년 운을 손색없게 생조(生助)하리라는
기대를 하다 보면
9월 중순쯤 솔방울 채취할 진주 처남 얼굴이
자꾸만 흐릿한 눈앞에 어른거린다

* 망쪼 – 망조(亡兆)의 경상도 사투리

김밥

고산초 5학년 유제니(손녀)

검정색 메트리스 위에
흰색 이불을 깔고
알록달록 친구들이
옹기종기 모여 서로 끌어안았다

마침내 메트리스가 돌돌 말리기 시작하고
우리는 서로를 더 세게 안았다

제4부

가을이 가는 모습

병상에서

밤비 그친 앞산이
아침 햇살을 받고
8층 병실 창문에다
4월 초순의 여린 신록을 그려 놓자
풋풋한 풀 냄새가 병실 안으로 스며들었다
오늘따라 새벽꿈조차 섬뜩해
잠 못 이룬 채 날 새운 탓인지
목등뼈 5.6번 압착의 후유증은
목을 조금만 움직여도 더 심한 통증에다
왼쪽 팔과 다리에 또 마비 증상까지 일으켰다

그 끈덕진 후유증은
한때는 보람과 즐거움도 많았지만
때로는 턱없는 곡해와 질시를 아래위로부터 받으며
진정한 인간애와 참모습이 사라지는 교육 현장 속에서
더러는 가식과 헛소리 나부랭이의 공문 지시를
합리성을 덧칠해 재구성하고
독단적 권위로 수행하느라
어지간히 지쳐버린 내 눈앞에
갑자기 떠오른 어느 한 허상을 끌고 왔다
윗사람 비위 맞추기는커녕
가족조차 소홀히 했던 그 젊은 교사의 허상
그것은 사명감에 불타고 너무나 순진했던

젊은 날의 바로 나의 모습이었다
"퉤! 꺼져라 재수 없어"하고 나는 힘껏 침을 뱉었다

그 허상은 텅 빈 교장실
백두산 천지 사진 위에 달라붙어서
앞이마가 전혀 벗겨지지 않은 또렷한 모습으로
정년퇴직과 함께 꿈을 접으며 앞이마가 다 벗겨진 채
남은 삶을 서둘러 정리하려는 이 초로의 교장 모습을
우습다는 듯이 내려다보면서
"이 친구야! 자네 거시기 머시기이지?"라고 이죽거렸다
나는 갑자기 현기증과 통증을 느끼고
병실 창문을 활짝 열어 젖혔다.
앞산은 더욱 가까이 다가와 앉아 있었다
다시 창문 밖을 내다보며 눈을 감으니
선산 그 돌배나무가 연녹색 새잎들을 내밀고
숨찬 등산객들을 맞고 있었다
올해도 풍성한 돌배를 매달겠다고 속삭이면서…

퇴직을 하고나서

정년퇴직에 이어
칠십 줄에 다가서니
패기고 오기고 간에
'기운 내지도 낼 데도 없는 폐차 신세가 될 걸세'란
경험자들의 말에 신뢰감이 굳어지는 것 같다

어지간히 빠져버린 정수리 두발은
나이보다 훨씬 앞서간다는 아내 말에
이제는 아예 대응을 하지 않기로 했다
남들처럼 조혼할 팔자였거나
딸네들이라도 내 말을 들어주었더라면
어쩌면 지금쯤
이 무더운 한여름 밤도 외롭지 않을 거라고 투덜대는데
화장실 큰 거울에 비친 희멀건 내 두상 너머로
갑자기 한 환상이 떠올랐다
새카만 두발에 패기 있던 옛 내 모습에
나는 까무러질 뻔했다

어느덧
곧 가을이 찾아와 영글어지면
어디선가 그때 그 돌담 위에
늦더위에 시달린 호박 줄기처럼
억지로 남겨진 몇 가닥 두발에

이제 남은 세월을 걸고
낯익은 친구들이 한 둘씩 유명을 달리하면
건강식품에다 그 뻔한 여인 이야기에 귀 막으려고
금방이라도 주저앉을 차 가속기를 힘껏 밟으면서
'너희들과 다른 나의 존재'란 가소로운 차별성을 내세워
죽는 힘을 다해 죽지 않으려 발버둥 쳐본다

정년퇴직을 맞으며

가만히 생각을 해본다
그 아무런 것도 된 것이 없는데
하긴 한때는 정신없이 살기도 했지만
어쨌든 인생 육십 고비를 넘겼다
아무리 생각을 해봐도
정년퇴직이란 게 실감이 나지 않는 데다
뚜렷한 실적도 없는데 훈장까지 받았다

그래도
두발은 말할 것 없고 흰 턱수염도 솟아나
면도만은 더 열심히 하고
신통찮은 외모를 추스르며
마음만은 아직도 한창이라 생각하면서
나도 환갑에 이어 인생 육십 고비를 훌쩍 넘긴다

남늦게 들어선 교직 생활이
벌써 35년을 넘기면서
눈앞에 닥친 정년퇴직으로
좀처럼 흔들림 없던 내 마음에
길게 그늘이 드리워질 때
혼기를 넘기는 두 딸아이의 모습들이
또 다른 고민거리를 만들면서
빈 운동장 위에 짙게 깔려온다

어른들 옛 말씀대로
성가(成家)를 이룬 자녀가 없는
내 회갑연은 명분을 잃었기에
교장 체통에 흠집 생길까 봐 조용히 보낸 데다
유별난 사유들로 정년 퇴임식도 토색되게
해외 체류와 군 복무로 아들 둘 다 빠지고
외국 항공사 승무원인 큰 딸과 수녀인 둘째 딸도
모두가 불참인 퇴임식에 아내마저 발목 골절상이라니
헛된 웃음에 허리만 뒤틀렸다
그래도 직원들은 알뜰한 퇴임식으로 축하해주었다.
학생들의 다양한 예능과 낯익은 국악단원의 축하공연에
정년 퇴임식의 아쉬움도 잊어버렸다.
갖가지 기념품과 문인협회의 도서로 부풀어진 데다
몇 달간이나 준비하고 용돈들을 모았는지
큰 딸애의 러닝머신과
아직도 학생 신분인 나름대로의 마음 표시들에
색다른 진한 혈육의 정을 느꼈다
그 지난 시절 너희들 어릴 적
박봉에 시달리며 아쉬웠던 그 한(恨)을 되새기면서…

가을이 가는 모습

가을이 낙엽을 이끌고 오는지
아니면 낙엽이 가을을 뒤따라오는지
어쨌든 걷잡을 수 없게 세월이 가는가 보다
내 딴에는 신통찮은 건강을 추스르며
그런대로 빨리 늙지 않는다고 생각하는데
가끔 참석할 수 있는 모임 때마다
친구의 늙는 모습이 담긴 '인생의 거울'을 통해
내 자신의 늙은 모습을 안타깝게 들여다본다
게다가 가끔 들리는 지인들의 부음에
덧없는 세월의 무상과 무능한 자신을 한탄하며
진한 허탈의 깊은 강물 속으로
그 굴곡 많은 삶을 욕설과 함께 내던져 버렸다

아직도
정신적으로 무척 바쁜 생활에 젖어 있지만
늘 조용히 살아가려는 나에게
팔자가 나쁜 데다 박복한 탓인지
툭하면 질시하고 손가락질하던 사람들도
가을이 깊어지고 기온이 떨어진 데다
다가온 정년퇴직과 함께
망각의 심연으로 스스로 가라앉아 버린 나를
어지간히 잊어가고 있는 이 가을
그 풍성하던 들판이

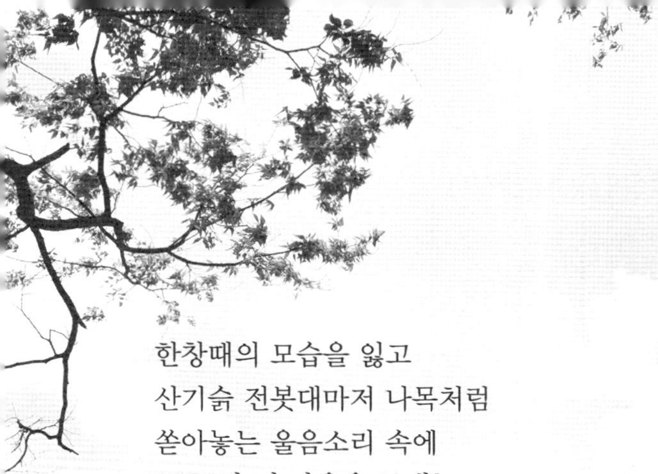

한창때의 모습을 잃고
산기슭 전봇대마저 나목처럼
쏟아놓는 울음소리 속에
2004년 이 가을을 보내는
나의 애잔한 절규가 뒤섞이고 있다

교단잡상(敎壇雜想)

오늘 경주 출장 후
어지간히 낯익은 산내 골짝 길을 거쳐
운문 땜 맑은 물 따라 굽어진 포장길을 지나고
방지들 넓게 깐 산 밑 도로로 신나게 달려 보았다

생각은 가득 차도 정적만 깃든 차 속
몸보다 마음이 자꾸만 앞서 늙어 가는지
30년 교직 인생 온갖 시련에 좌절되어도
세상사 귀찮아 굳게 입 다물었다가
무심한 흰 구름 위에다 내뱉어 버렸다

이제 귀로길 실비도 그치는데
그 키 높던 미루나무 숲이 망상으로 떠오르고
올 8월이면 훌훌히 떠나버릴
은사 급 선배 교장과
더러는 승진도 팽개친 동년배 교감들 생각에
더불어 훌훌히 떠나지 못하는 내 현실이 안타깝지만
오늘도 다시 한번
그 옛날 늦가을 들머리에 나를 세워 놓고
할머님이 손자에게 늘 하시던 덕담을 되뇐다
"니는 커서 꼭 가문을 일으켜야 한데이"

경주 출장 귀로에서

남겨진 고결한 숨결

— 1998년 8월 28일 장병호 교장 퇴임식에 덧붙여

태어나 자라고
진한 청운의 꿈 키우며
이 교정 안팎 손길 닿는 곳마다
뿌리고 거둔 그 고결한 숨결로
뭇 학교 두루 거치며
동료와 후배에게 깊은 정(情) 심고
그 숱한 제자들 한 가슴에 품어 안은 채
참교육 뜨거운 열정 뿌린 지 마흔 해

어느덧
그 검던 머리 희어지고 눈빛마저 흐려지도록
이 고장 자인 땅의 어린 후예들 위해
높았던 온갖 이상 육영의 길로 승화시켜
모교의 중흥을 눈앞에 당기시느라
따뜻한 그 촛불 아낌없이 태웠습니다.

이제
티 없는 그 진한 제자애를
여기 계정 숲 원두에 깊게 심으신 채
이 교정 떠나시는 교장선생님께
우리들의 참마음을 한곳에 모아
이 패에 새겨 드립니다

오후의 권태

오늘 오후도
일상적인 잡무마저 마치고
나른한 교직의 권태를
담배 연기에 욕설마저 섞어
교실 창문 밖으로 힘차게 내뿜어 본다
그래도 덜 풀린 직성 때문인지
지쳐버린 뇌리 좁은 공간 속으로
떼거지처럼 밀려드는 고독을 피해
접어 둔 신문을 펼쳐보다가
낡은 차 구박하면서 퇴근길에 오른다

이윽고
그 흔해 빠진
인간의 불행으로 장식된 기사마저도
찾을 수 없는 지면 위에다
까닭 모를 욕설을 내뱉은 후
유명인의 글 나부랭이를 건성으로 읽고
한껏 비웃어 보는 틈을 가지면서
무료한 오후의 권태를 벗어나 본다

그래도 덜 풀린 직성이
악성 감기처럼 끈질길 때는
코스모스의 꽃잎 위에라도

담뱃불을 문질러 끄고 싶은 심정으로
토막 많은 생활의 틈마다 스며드는
우주를 멀리하고 싶은 진한 고독을
친구의 술잔에 나누어 준다

제5부

소중한 정념

소중한 정념

올해는
또 어떤 운이 올는지
연초부터 별다른 생각이 없이
그냥 무척 바쁘게 살아가는데
무덥고 비 잦은 한 여름이
어느새 다 지나가고 있다

몇몇 오랜 지인들과 함께
아무런 부담 없이 만들어진 산우회원이 되어
첫 산행 기념으로 성암산* 정상에 올라
몇 가지 간식거리로 술안주 삼아
한동안 나눈 잡담이 정담으로 마무리될 때
갑자기 나는
조용한 산 아래 시가지 속에 깔린
지나간 내 삶을 찾아보았다

이윽고
가만히 눈을 감으니
언제부터인지
곧잘 내 눈길이 머물던
복지관 가는 길 언저리
철 이른 코스모스처럼
뇌리 깊숙이 인각되는 한 모습에

한참 동안이나 넋 잃은 채
아쉽고 소중한 그 기억들을
추억 속에서 되돌리느라 힘든 순간 참는데
저만치 야산 능선 위에
미소 띤 그녀의 고운 모습이 떠올라 있다
나뭇잎 스치는 순한 바람에
싱그러운 풀 향내를 뒤섞어 풍기면서…

* 성암산 : 경상북도 경산시 서쪽에 위치해 대구광역시 수성구와 경계를 이루는 산

환상의 고향 봄

올해도
나날이 춘색이 짙어지는 4월 하순
어느 날 오후 춘정에 겨워
내 발길 닿는 대로
손때 묻은 낡은 승용차 몰고
한적한 촌길을 찾아 나서서
눈 끌리는 주변 풍경에
곁눈질 주느라 피로가 쌓이면
실개천 가 늙다리 떡버들 그늘 아래
내만큼이나 지친 차를 세운다

좁은 찻길 가에는 포푸라 한 그루가
그 옛날 일제 때 몸매를 지닌 채
지친 듯 힘 겨워하고 있고
산기슭 아래 낯익은 논밭은
두엄 냄새를 풍기던 옛 모습은 잃은 채
넋 빠진 채 누워 있다

그런데 갑자기
50년 지난 세월이
자꾸만 감기는 내 눈두덩 속에서
되새김질로 파고들고 있다
야생화 꺾느라 뒤처지는 나를

경산장(慶山場) 십 리 길 서두르던 할머님 목소리가
어느덧 가는 귀먹은 내 뇌리 속으로
살가운 미풍에 실린 채
강치 못* 실개천 그 도랑물 소리 따라
또렷이 들려오고 있다

* 강치 못 : 대구시 수성구 욱수동과 경산시 옥산동 경계에 위치한 저수지

새봄에 느끼는 감상

간밤에 봄비가 내린 탓인지
창밖으로 내비친 좁은 시야에서
느티나무 실가지들은 새순을 틔우고 있고
새 짝을 찾은 새들의 유난히 맑은 지저귐이
문틈을 비집고 들어오면
건기에 목 타는 들짐승처럼
나는 창문을 활짝 열고
새봄의 정취를 마음껏 들이마셔 본다

요즈음 들어
급격히 줄어든 체력에 겁먹고
오늘도
고달픈 삶에 지친 내 몰골이 지겨워
집 앞 남천 가 체력장에 나가
스치는 세월의 손길을 붙잡고 싶은 마음으로
따뜻한 봄볕을 전신으로 느끼면서
지나간 내 삶을 새롭게 다독여 본다

그런데 한동안 명상에 잠긴
바로 내 앞에서는
내 또래의 노인들이
파크 볼 경기를 하느라고
아직도 자랑하는 굵직한 팔 근육에

어지간히 주눅이 든 나는
철봉대 지주에 기대선 채
전신을 빠져나가는 생기를 막고 있는데
오늘도 다시 헛된 하루가 이어지듯
또 하나의 주름살이 늘어나고
말없이 무심한 세월은
남천 물길을 저만치 앞선 채
자꾸자꾸 흘러만 가고 있다

친구 딸 결혼식장에서

친구여! 동문들이여!
모두들 많이 왔구려
그 흔한 출세란 것도 재력도 없는
50줄 평교사의 조촐한 장녀 결혼식장
더러는 흙냄새 풍기는 고향 땅 일가친척들과
낯익은 선후배 교원 하객들로 조촐한 식장에는
그 흔한 허세와 가식이 없었다

그대 혼주여!
박봉에 찌든 30년 교직 생활에
정직한 삶과 바른길만 골라 갔는데도
흰 머리칼에 덮이고 돋보기안경에 짓눌려
그 밝고 맑던 모습은 어디로 가고
동년배 그대 부인마저
가는 세월 앞당긴 듯
눈 밑 잔주름들은 감출 수 없게 깊어지고
한때는
제법 이쁜 축에 들었던 몸매마저
이제는 어지간히 흐린 내 시력에
안면마저 낯설게 자리 잡은 그 모습

꼽사리 키워 알차게 시집보내는 날
그래도 못다 한 딸 사랑이 미련으로 남겨졌는지

아직도
옛 모습으로 남겨진 영롱한 그 홍채로
약간은 덜 지운 아쉬운 눈빛을
고운 딸 신부 의상 위에 진하게 퍼붓는
내 친구 평교사 부부의 혼사를 위해 행복을 빌어 주었다

* 조ㅈㅎ 교사의 장녀 결혼식장에서

낙엽과 환영(幻影)

낙엽이 날리는 소리가 들린다
그 가을 이맘때 그날 인양
또렷이
유리창 너머로
낙엽이 밟히는 소리가 들린다

한때는
바쁘고 짧아서 안타깝더니
이제는 지겹게 무료해진 토요일 오후
오늘도 하루를 더 보태
겹 두꺼워진 가슴앓이에
위 눌려 못 뻗어 올라
옆구리 터뜨리던 그 나목(裸木)의
외로운 몸부림처럼
온 가슴 찢어내는
냄새 짙은 그리움을
바람 속 낙엽처럼
떠날려 보내느라
가까운 듯 멀어지는
그 환영 앞에
감은 눈 힘주어 손을 흔들면
포푸러 잎새 위
바람의 행렬을 따라
또 바람이 분다
낙엽이 날리는 소리를 들려주면서…

시답잖은 회상
— 어느 한적한 변두리 다방에서

오늘도
파아란 가을 하늘 한가운데
흰 구름 한 점이 떠 있다
실바람에 떠밀린 낮달을 따라
기러기 떼는 새 삶터를 찾아 날고 있었다
더러는 날개가 꺾이며
깃이 빠지는 불길한 소리가 난다

잠시만 만나자는 휴대폰 문자를 받고
늘 가던 다방에 앉아 조용한 음악을 듣는데
뽕잎을 갉아 먹는 누에소리마냥
오늘로써 우리 그만 만나자는
나의 오랜 누에의 속살거림은 귀청을 떠렸고
갑자기 날개 부러진 그 기러기 한 마리가
나의 뇌 속으로 파고들었다

잠시 후 눈을 뜨니
나는 그 옛 고향 연못 얼음물 위에
외로이 처박혔으나 아무런 통증은 없었고
기러기 한 마리는
물 밖으로 솟아오르고 있었다

옥상의 정원

유난히 무더운 올여름 날씨
오늘도 새벽잠 설쳤는데
“여보! 빨리! 소나기 예보는 또 틀렸네”하는
아내의 급박한 목소리에
황급히 옥상으로 올라갔다

지난날 각 지역 화훼와 분재들이
귀 익은 내 발소리를 알아챘는지
“목이 말라요! 물!”이라고 속살거리고 있었다
황급히 세찬 분무가 물보라를 이루는데
유달리 거세진 반 말투로
뒤따른 아내가 내뱉듯이 말했다
“운동 않으면 그것들보다 당신 먼저 갈 텐데!”

오늘도 동쪽 지평선 위로
태양은 더 시뻘건 불덩이처럼
또 하루의 폭염을 예고하는데
옥상 정원의 뭇 녀석들이
그 짧은 순간에도 새 생명을 얻은 듯
살가운 눈웃음을 풋풋한 향내와 함께
온 집안 가득히 쏟아낸다

가마골* 불꽃 터에서

지금은 불 꺼진
그 옛날 가마터
뜨겁고 붉게 타오르던 불꽃으로
온 골짜기 뒤덮은 부나비들 모여서
먼 훗날 새 시절 큰 기운 맺어지게
이 터전 황토를 한없이 달구어 냈었다

이제 가신님 불 사나이들의
요귀 다루어 쫓아내던
그 위대한 부젓가락을 찾아내
이곳 대창면 병암리* 그 옛터에
기계인 단성공 34세손 유치곤의 티 없이 숭고한 삶이
비록 꽃피우지 못한 웅크린 일생을 통한
숭고한 민초의 수행이었기에
증조부님과 함께 그 권속 일가를 아늑한 길지 가마골에
이 증손 참샘 유자근이 50여 년에 걸친
가족 묘원을 가꾸려던 오랜 꿈을
천주님 은총과 조상님 가호로
여기 명당터를 찾아 모셔 오게 되었다

* 병암리 : 경북 영천시 대창면의 북동쪽에 소재하는 행정 동명.
* 가마골 : 병암리 야산 기슭의 임야 위 병암리 170번지 일대의 옛 가마터가 있던 불꽃 터는 신라 초기에 해당하는 원삼국시대부터 토기와 기와를 굽던 가마터였다.(유자근 본인의 선산이 있던 대구광역시 수성구 욱수동 망월곡 위치는 450m의 높은 산이라 산소 관리가 힘들어 위 번지 일대의 임야 500여 평을 구입해 이장함).

바람 소리와 환상

바람 스치는 소리가 들린다
그 바람 소리에
귀 익은 옷깃 스치는 소리가
또 들리는 것만 같다
창문을 활짝 열어 젖히고
온 사방을 내다보았다
가을 하늘은
외로운 구름 한 조각만을
서쪽 산 능선 더 높이 띄우고
텅 빈 가슴을 내밀며
진한 고독에 오열하고 있었다

한여름 두어 달
늦더위 왕가뭄에
산들은 제멋대로
엿가락처럼 멀리 늘어져 누워
외로운 산새와 슬픔을 나누는데
우리들의 아름다운 추억은
철 이른 단풍 속에 빛바래고
영원을 약속했던 밀어들은
뱉으려야 뱉기지 않아
더 깊어진 속쓰림을
잠자리 떼 이끌던 초가을 미풍처럼
승자의 미소로 회칠 씌우며
야멸스럽게 사라져 갔다

시골 장터의 모습

한 닷새 이불 속에
데펴 놓았던 이야기를
모락모락 김이 오를 때쯤 허리춤에 차고가
이마를 맞댄 채 해장국에 풀어 놓으면
찬 서리 맞은 낙엽이 담벼락 가로 밀리면서
시골 장터는 시끌거리기 시작한다
없는 것은 없고
있는 것은 다 있는
장터는 한판 무르익는 장기판 위에 있다

어느덧
장꾼들 고함소리도 풀이 죽어가고
서녘 능선 위로 두어 뼘 남은 해가
뒷산의 그림자를 필옥처럼 풀어내고
못다 판 옷가지 위에다
노부부의 생애를 황혼빛으로 물들여 놓는데
누가 저 노을을 밟고 갈거나
가끔은 좋은 벗들이
장기판 졸들처럼 떼어져 보이지 않는 안타까움에
오늘도 발걸음 붙잡히는 고향 시골 장터
다음 장날에는 또 누가 보이지 않을는지
어쩌면 나일 수도 아니면 너일 수도 있겠지

봄 미나리

아직 산허리 응달에 남은 흰
초봄 속 겨울 꼬리를 붙잡고 늘어지는데
가지산* 기슭 양지쪽 실개천 가에는
올해도 봄 미나리가 연한 고개를 내밀었다

소나무 우거진 내리막길 그늘아래
나보다는 한 십여 년 덜 먹은 나이에
미나리 팔면서 굳힌 아지매의 얼굴 모습에서
그녀의 지난 세월을 읽고 싶어졌다
약간은 깐닥진 미소와
이어진 건강미에 이끌려 물어보았다
"아지매는 어디서 그 비법을 가져 왔능교?"
"봄부터 미나리 먹고 소나무 숲 맑은 물 마시는데
우째 늙겠능교?"
미나리 한 단에 곁들인 돼지고기에
기분을 내느라 마시던 소주잔을 건네자
그녀는 갑자기 언성을 높였다
"요즘처럼 탄핵인지 무슨 불법정치자금인지 하고
지랄하는 정치꾼 놈들 때문에 스트레스받을 때는
미나리 안주에 소주 한 잔이
세월 보내는 특효약이데이"
평소 내가 스스럼없이 사람 대할 때도 많지만

덜 찬 술잔에 채워지는 그녀의 반말 지껄임도
밉지 않게 들린다

이윽고 기분은 더 좋아지고
미나리 향내에 소주 냄새가 뒤섞여 코끝을 스치는데,
갑자기 그녀의 얼굴 모습이 지난날 잊혀진
또 다른 환상으로 바뀌자
그저 멍한 채 그녀의 손목을 잡고 당겨 보았다
서산 너머로 벌써 불그스레한 저녁놀이 물들고 있었다
"이 아제, 그까짓 술에 취했나! 참말로 와이카노!
미나리나 더 먹으소"
거칠게 내미는 미나리 뭉치에 정신이 퍼뜩 돌아오는데
봄 미나리 연한 줄기에서 봄 향내가 진하게 풍긴다

* 가지산 : 울산광역시 경남 밀양시와 경북 청도군이 경계를 이루는 산

봄이 오는 소리

아침과 저녁 무렵에도
차가운 한기가 사라지니
산기슭 밭둑과 과수원 울타리 밑으로
아련히 봄이 찾아오는 모습이 보인다
산동네 학교터를 휘감은 벚나무 꽃길에도
어느새 흰 꽃눈이 날리고 있다

산 중턱 봉우리에도
산 벚꽃 흰색을 시샘해
연분홍 진달래가 산 능선을 곱게 수놓았는데도
응달진 산 계곡 쪽에는
지난겨울 모진 한파에 짓눌려
참나무 숲 어두운 나상(裸像)들은
아직도 봄기운을 못 느끼는가 보다

이제
갓 피어오르는 대지의 기지개를 보고
성급한 봄기운을 느끼고
오랜 겨울 집 밖으로 뛰쳐나온
곤충 떼를 뒤쫓아
산새들이 줄지어 날갯짓 하고
은사시 등걸에 새집을 짓는
딱따구리의 망치질 소리 따라

백자산 중턱 산 능선 위에는
길어진 낮 햇살 탓인지
완연한 봄빛이 감돌고
겨우내 얼어붙었던 산 계곡에는
돌 틈 사이로 치솟는 도랑물이
한바탕 봄노래를 부른다

* 백자산 : 경산시 백천동 남동쪽에 위치한 355m 산

어느 여름날

창문을 열고 바깥을 내다본다
초여름 따가운 햇살이
진한 풀 냄새를 담고 실내로 밀려든다

갑자기
사십여 년 전 그 시절 이맘때의
내 모습이 눈앞에 어른거린다
앞뜰 논밭에 보리가 패고
온 동네 감나무는 신록에 잠겼는데
부잣집 바깥마당 그 큰 감나무 그늘에는
한가한 어미 소가 되새김질로 눈 감았고
평상에 누운 동네 노인분들의 코 고는 소리에
쫓긴 잠 되찾느라 앙탈 부리던 송아지

한동안 멍한 채
힘든 다리에 호흡을 몰아쉬며
위 운동장에 올라 사방을 둘러본다
동으로 훤히 트인 바다
휘어진 해안선에 흰 파도가 밀려들고
아직은 간간이
낡은 건물이 알맞게 섞인 하서리*는
짙푸른 감나무들로 조화를 이루고
서쪽 하늘엔 티 없는 흰 구름들만

좁다란 들판을 가로질러
주름진 능선 너머로
한없이 흘러가고 있다
핏기 잃은 내 얼굴에
또 다른 주름살을 덧새기면서….

* 하서리(下西里) : 경주시 양남면 소재지 마을

고향의 소리를 들으려고

나는 오늘도
온갖 고향의 소리를 들으려고
그 들길을 걷는다
매미가 울어대고
잠자리 맴돌던 연못 터 하며
제 멋대로 생긴 논도랑들엔
초봄의 샛노란 쑥들이 미소를 터뜨렸고
한여름엔 쑥 대판을 이룬 논도랑 속에
첫돌 배기 붕어 새끼들이 줄을 이어 달리고
살찐 개구리들이 물장구를 치는 소리가 시원했다

그 어느 소낙비가 오던 날 오후
계단 진 논두렁 배수용 물꼬엔
이웃집 큰 혹 할아버지가
그날도 낙차 큰 물꼬에 걸쳐놓은 왕대발에
쏟아져 떨어지는 물소리가
어린 가슴을 진동시켰고
피라미 붕어 새우 미꾸라지들이
줄이어 떨어져 내렸다

더러는 밑거름이 삐죽이 내민 채
시커멓게 썩어가는 논바닥엔
한 여름내 밀 포기가 싱싱했고
하굣길 허기진 배를 밀사리로 채우고
언젠가 발견한 종달새 새끼 문제로

한평생 갈라질 것 같던 어린 앙금을
황혼빛 넘어 서풍에 날리며
새 우정 물들이려 손잡고 달리던
해마다 풍년들던 눈익은 그 밀밭 길

더러는
여치 잡으려다 미끄러질 때마다
새하얀 찔레꽃 줄기에 긁혀
발등엔 붉은 피 솟는데
개구리들은 논물 속으로 도망질하고
풀벌레들이 날갯짓할 때면
야생화 꽃내음은 다투어 풍겼다

그 고향도 벗어난 먼 훗날
한적한 어느 토요일 오후 퇴근길
갑자기 나는 소중한 길을 벗어나
그 다무락 그 논둑길 위
고향의 소리를 듣고 싶어서
불현듯이 꺾어들어선 들판 터 진입로엔
온갖 상품과 과일전이 북새통을 이룬 채
그 옛날 고향의 소리는 묻힌 지 오래였고
티 없이 맑았던 눈은 흐리고
귀울림만 심해진 청력으로
상인들 호객 소리 속에서
그 옛날의 소리를 애써 찾아보았다

문학 소년 시절

그 무렵 시골 중학교 초임 시절이
바로 엊그제 같은데
몇 년도 봄인지 기억은 깨알 같지만
밝히고 싶지 않다
그저 50년 가까운
옛일로만 기억하고 싶다
즐거웠던 일도 많았지만
실망스럽고 되돌아가고 싶지 않은
괴로운 기억이 솟아오를까 두렵기도 하다
대학생도 되지 못한 채
허우적거리면서 신춘문예에
응모했던 순진한 문학 소년 시절이 떠오를 때는
부끄럽기도 하다
그러나 그 시 속에는
시편 속의 글귀에 못지않은
시어들이 풋냄새를 풍기면서
성암산 등산로 소나무들 가지 위에
오늘도 매달려 있다

제6부

고향 마을 터

대왕암

올해는 윤사월 탓인지
장례사들 부채질에 선산 손질 소문들이 퍼지자
벌초 길마다 불평하는 아들네들 뜻을 덧보태
머릿속 오랜 병소(病巢)를 덜어내느라 선산을 마련했다
유달리 늘어진 늦봄 가뭄에
아담한 산소의 잔디는 목말라하고
서둘러 물 잡은 천수답 바닥이 거북등처럼 갈라지자
포푸러숲 매미는 노랫소리를 멈추고
바닷가 물고기도 발길을 돌렸나보다

드디어 한 사나흘 풍어제에
하늘도 감동했는지
초여름 소낙비가 장대비로 쏟아져
대왕암 앞바다에도
엷은 황토물이 색띠를 두르는데
어디선가 먼 꿩 울음소리가 들린다
하늘엔 가녀린 마무리 천둥이 따라 울고
감은사 옛 절터가 잿빛 구름을 헤집고
먼 동쪽 하늘로부터 갠 날씨를 이끌면
그 아득한 신라인들의 기개인 양
한 무리 관광객이 버스에서 쏟아지고
동트는 서광을 닮은 햇살이 대왕암을 비추자
“와! 햇빛이다. 대왕암이 드러났다.”하는 함성이
그 옛날 수장(水葬) 때의 객귀 쫓던 고함소리 되어
치솟는 파도 속으로 각인(刻印)되는 그 파장(波長)

고향 마을 터

푸새비살 날고 돌자갈 돋아나는
감나무 골목 건너 쪽 공터
등 기댄 채 마주 뻗고
뒤엉켜 썩어가던 두 동수나무
어머니 긴 자궁처럼 깊어지던 그 동굴 속에
철부지 동심 어린 눈망울들이 소복했다

썩는 내 이겨내며
'오래 참기' 놀이에 숨 막히고
'지옥문 빠져나가기'에 긁히고 걸털 때에는
할머님 끈질겨 지겹던 보호 손길이
손 뻗어 잡고파서 소리쳤던 '할머니!'

그 나무 그 집터들 다 없어진 고향 마을
할머니 손자 간섭 귀 익은 그 잔소리는
저만치 황혼 들녘 논두렁에 걸친 듯한데
"동수 나무 안에는 귀신 있데이…."
할머님 또렷한 그 목소리 묻힌 기억조차
깡그리 사라지는 고향 마을 터

동곡장*

몇 대(代)가 어울리고
피붙이 얽혀서인지
한 장간(場間) 짧은 기다림에
덧보탠 뭇 사연들이
이고 진 짐처럼 응어리져 무거워도
순댓국 가운데 놓고
때 이른 술자리 차리면
장꾼들 고함 소리 따라
오늘도 동곡장(東谷場)은 생기를 찾는다

우시장(牛市場) 가장자리 쪽 가건물 추어탕 집엔
촌장기(村將棋) 화투판이 북새통을 이루고
한때는 달변가인 듯 허세 좋은 한 상인이
밤 담긴 됫 도박 위에다
한 맺힌 세상사(世上事)를 진하게 토해낸다

나직이 당겨 앉은 서산 위
장날마다 짧아지는 하루해가
아직은 그림자도 안 드리운 데
서둘러 짐 꾸리는 신발전 노부부(老夫婦)
마무리 장(場) 보며 막 잔에 미련 둔 술꾼들도
한 닷새 막힌 가슴 짧은 만남에
헝클린 오랜 한(恨) 속 시원히 풀어낸 듯

온 동네 뭇 소식들 모아 담고
또 다른 삶 기다리며
발길 돌리는 동곡(東谷) 닷샛 장(場))

* 동곡장 : 경상북도 청도군 금천면 소재지인 동곡리에 서는 五日場 牛市場 등으로 오랜 명맥을 유지해 오고 있다.

할머님 영상

미꾸라지 잡아 고무신에 담고
논두길 걸어 긁히고 부르튼 발을
뒤처져 투정하던 어린 나를
해수병 할머님은
그래도 귀여워만 하셨다

전선줄 찬 울음소리에 당겨진 첫추위
깊어진 얼굴 주름 따라
거친 손 더 바빴던 그해 늦가을
키 낮은 초가집 뒤 늙다리 감나무엔
빠알간 홍시(紅柿)가 유난히 많았건만
해수병 할머님은 돌아가셨다

해묵은 그 초가집도 감나무도 없어진 마을
윗마을 들일 차 할머님 지나던 길목에
동그마니 지어 놓은 적갈색 벽돌집
할머님 생전 모습 캐묻는 아이들 데리고
창문 앞 남쪽 담 앞에 심은 감나무엔
올해도 가지마다 홍시가 풍년인데
철부지 아이들의 밝은 웃음소리 따라
할머님 그 영상(影像)도 웃음 머금고 계셨다

돌배나무

바람 소리가 다르게 들린다
골짝을 타고 내리는 그 바람에 밀려
지겹던 늦더위가 가는 모습이 선하게 보인다
싱그럽던 벼 포기는 오기 꺾여 색 바래고
잠자리 뒤쫓던 제비마저 풀 죽어 나르니
먼 산 응달 참샘골에서 가을이 찾아왔나 보다
초가집 뒤곁 찬 이슬 맞은 감나무잎이
초가을 가뭄에 성급히 물들고
노을은 짙붉게 타는데
망월곡(望月谷)* 산 중턱에 치솟아 돋보인 그 돌배나무

연륜은 깊어져 가도 마음은 어린지
오늘도 가는 하루 또 싸여진 추억 속
선산(先山) 산머리에 에돌아가는 그 길목
이 시린 샘물 바위 뚜렷한 윤곽 넘어
큰 가지 내뻗어 고향 지키느라
올해도 앳된 돌배 열매 오롯이 매달았는지
지는 노을 역광에 눈빛마저 흐려진 채
낙엽이 날리는 애잔한 선율을 따라
자꾸만 흘러가는 흰 구름마다 물어본다
그 돌배나무의 안부를

* 망월곡 : 대구광역시 수성구 욱수동 남쪽에 있는 산의 골짜기

그 할머니의 모습

그해 초가을 토요일 오후인가 보다
나는 그 마을 들판에 서 있었고
논도랑 물소리가 들리고 있었다

어느새
서쪽 하늘에 떠오른 초승달이
갑자기 밀리는 진한 운무를 막느라
문설주 언저리의 처용 형상에 매달리자
산기슭 자갈밭 일 마무리 못 지운 채
바닷가 굽어진 밭둑길 가로질러
파도 소리 잦아지는 불 밝은 집 안으로
지친 몸 추스르며 사라지던 그 할머니
손자들 기다리는 먹거리 통이고….

제7부

병풍 속의 화원

◆ 초대 작가 ◆

돌멩이 하나

김이대

반변천 주워 온 돌멩이 하나가
이사를 할 때마다 따라 다닌다

다섯 살 난 아이를 데리고
고향 가는 길
지례 강변에서 주워 온 괴석
세월이 구석구석 숨어있다

반변천 물소리
격진령 바람소리

언덕 위 어디쯤서
손 흔들며 날 부르는 쑥부쟁이꽃

바람은 무어라 말을 하고 달아나고
세월은 흐르고 돌만 남았다
돌아갈 길을 잃고 구석에 앉아
혼자서 듣고있는
반변천 물소리

● 김이대
안동사범학교 졸. 고려대 영문과 중퇴. 교감, 장학사, 교장 역임. 한국문인협회, 경북문인협회, 경북문인협회경주지부 회원. 경북문인협회 작품상 수상. 시집 「구절초 필 때」, 「달빛 사랑」

집으로 가는 길

김수영

반듯한 길도 구불구불 에돌아가는 황소 앞세우고

할머니가 간다.

콩밭 깨밭 몰래 방뇨한 고구마밭 끝머리

헐려 있는 무덤밭을 지나

허리춤에 걸려 출렁출렁 언덕을 따라 넘는 끝물의 바다

저무는 해 속으로

깊이 저문 할머니가 간다.

● 김수영
1967년 경남 마산 출생. 1992년 조선일보 신춘문예 시 당선.

병풍 속의 화원

향일화

지상에 없는 당신을 읽기로 합니다
당신이 옮긴 세상은
어쩜 저리도 음전한지요

가녀린 붓의 흘림체로 일구던 텃밭엔
온통 봄 화색이 돌았지요
눈시울이 항시 붉었던 맨드라미, 양귀비꽃들이
주인처럼 터를 잡았구요
땅 쪽으로만 마음 기울던 풀잎 곁으로
주름진 몸을 더 구기며 숨어들던
방아깨비, 사마귀, 개구리들을 품으며
정붙일 자리를 내주었지요

아이들의 손에 잡히지 않던 나비가
앉고 싶은 곳으로 스스로 날아가듯
거부할 수 없는 인연이 되는 것은
서로의 마음을 받아주는 일이지요
서로의 향기를 묻혀주는 일이지요

자식들 바람막이로, 수없이 마음 접히며 살았던
어머니 뼈대 같은 병풍 속을 보세요

붓으로 싹 틔운 자연이 얼마나 눈부신지를
시간의 인질에 박제된 풀, 꽃, 벌레들이
얼마나 반듯하게 살아남았는지를

● 전명숙 (필명 : 향일화)
2011년 〈시와 표현〉등단. 제14회 다산문화제 최우수상. 제7회 경기 노동문화예술제 은상. 제2회 빛고을 전국시낭송대회 대상. 시마을운영위원회 회장

사족

정수자

입술을 댈 듯 말 듯 서운히 보낸 어깨
돌아서고 나서야 없는 너를 만질 때
귓전에 연해 밟히는 중저음의 느린 여음
끝동을 길게 두다 서운해진 노을처럼
말 없는 말 그리며 사족 사족 매만지네
자판에 자그락대는 자모음을 깨물어 보듯

〈문태준 시인의 시평〉

… (전략) …

마음이 조마조마하고 애가 타서 입술을 깨물고 있는 작별 이후에 처해 있는 한 사람의 참 인간적인 모습과 됨됨이를 여린 감성의 시행에 담았다고 하겠다.

만남이든 작별이든 남김없이 훌쩍 단숨에 그렇게 된 것이 아니라 마음을 가지고 오고 또 마음을 두고 산다는 것을 새삼 깨닫게 된다.

— 조선일보 시평란에서

〈유자근 시인의 시평〉

위 시인의 시는 최근 한국 시단에 새롭게 대두된 간결하고 고차원적 시적 표현법 배열로 각광 받고 있는 전형적인 서정시이다. 그러나 보석 같은 완벽성에 밀려 서정시가 지녀야 할 rhythmlcal한 시적 음미는 밀려나 버린 음감이 나돈다. 詩라는 장르(jenre)는 논문이나 산문과는 확연히 다른 별개의 영역이기 때문이다.

—Monday Jan. 9, 2025

가을

Kang.S.H.

간밤에 불어온 심술 바람에 노오란 은행잎 융단으로 길을 깔았다. 우리 아파트 가로수는 은행나무이기 때문이다. 가을의 향기에 취하면서 사뿐히 걸어본다. 아득한 그 옛적 소녀 시절에 은행잎과 단풍잎을 책장 사이에 끼워 말렸다가 편지에 넣어 친구랑 선생님께 보냈던 꿈 많던 소녀 시절이 아련한 향수로 떠오른다. 사는데 바빠 동분서주하면서 젊은 시절을 흘려보내고 오 남매를 모두 출가시키고 나니 나의 호칭이 할머니로 바뀌었다. 손자 손녀들의 재롱이 즐겁기도 하지만 바빠지기도 했다. 그래서일까 은행잎에 담긴 추억의 옛 친구를 잊고 살았다. 오늘따라 그 친구가 생각이 난다. 그리운 친구야 어디 있니? 혹시 죽음? 동기회를 통해서 옛 친구와 모임도 갖고 은사들과의 만남도 있었지만 그리운 그 친구의 소식은 오리무중이다. 이런저런 것들로 사색하면서 걷다 보니 미화원 아저씨가 은행잎을 쓸어서 자루에 담는다. 좀 아까운 마음이 들지만 은행잎에 가을을 담아 떠나보낸다. 천고마비의 계절 풍성한 오곡백과 이름 모름 들꽃들 아름다운 단풍 모두가 자연의 섭리에 감탄사를 연주하면서 자연의 순리대로 흘러가고 만다, 젊었을 때는 가을을 그토록 좋아했는데…

몇 해 전에 남편이 가을을 좋아하는 나를 위해서 친한 친구 내외분과 여행을 가자고 했다. 동해안 바닷길은 몇 번을 가봐도 지루하지 않았다. 그날따라 날이 유난히 맑았다. 출렁이는 파도와 머얼리 수평선을 바라보니 모든 잡념과 시름이 사라지고 마음의 여백이 생겼다. 가다가 신선한 회도 먹고 바닷가도 거닐다가 밤이 되어 설악산에 도착했다. 다음 날 아침에 일어나 창문을 열고 가을의 향기를 맡으며 심호흡을 했다. 아름다운 풍경을 렌즈에 담으면서 미시령을 거쳐 한계령에 도착했다. 그 해는 여느 해보다 단풍이 고와서 나도 모르게 탄성이 터져 나왔다. 사방을 둘러보니 너무나 아름답고 황홀해서 무아지경에 빠질 지경이었다. 불타는 단풍의 향연은 베르사유 궁전의 화려함이나 장가계 원가계의 절경과도 비교할 수 없는 우리 강산의 아름다움이었다.

나라 사랑이 지나친 나의 욕심이었을까? 그 해는 일교차가 심해서 유난히 단풍이 아름답다고 했다.

'아… 가을이여 흐르지 말고 오래오래 머물러 다오'라고 외쳤다. 그게 남편과의 마지막 여행이 된 것이 너무나 아쉽다. 여행을 좋아해서 가족을 데리고 여행 다닐 때가 제일 행복하다고 했었다. 그 행복을 조금 더 누렸으면 좋았으련만 지금은 황혼의 절망을 거느리며 쓸쓸하게 병석을 지키는 남편을 보면서 인생만사가 너무나 허망하고 속절없이 흐르는 세월이 야속스럽다.

가을이 지나면 겨울이 온다는 철칙은 생각지도 못하고, 왜 가을을 그토록 좋아했을까? 고희를 넘고 보니 좋아하던 가을이 서글픈 가을로 느껴진다.

지금은 풀잎 하나 풀벌레 한 마리의 그 작은 나부낌에도 눈을 돌릴 수 없다.

언제까지 볼 수 있을까 하는 마음 때문에 한 잎, 두

잎 떨어지는 낙엽을 보면 괜스레 슬퍼진다. 우리 인생도 가을의 절경처럼 아름다운 노년을 맞아 아름답게 살다가 낙엽처럼 소리 없이 떨어져 나갔으면 좋으련만 마음대로 될까? 소망이 이루어지도록 기도하며 살리라.

● 강순향
안동여자고등학교. 가야아카데미. 성암수필협회 회원
수필집 「길안천 가에서」

◆ 잡문 ◆

〈노시인의 가족 묘원 조성〉

가마골 불꽃 터에서

유자근

지금은 불 꺼진
그 옛날 가마터
뜨겁고 붉게 타오르던 불꽃으로
온 골짜기 뒤덮은 부나비들 모여서
먼 훗날 새 시절 큰 기운 맺어지게
이 터전 황토를 한없이 달구어 냈었다

이제 가신님 불 사나이들의
요귀 다루어 쫓아내던
그 위대한 부젓가락을 찾아내
이곳 대창면 병암리 그 옛터에
기계인 단성공 34세손 유치곤의 티 없이 숭고한 삶이
비록 꽃피우지 못한 웅크린 일생을 통한
숭고한 민초의 수행이었기에
증조부님과 함께 그 권속 일가를 아늑한 길지 가마골에
이 증손 참샘 유자근이 50여 년에 걸친
가족 묘원을 가꾸려던 오랜 꿈을
천주님 은총과 조상님 가호로
여기 명당터를 찾아 모셔 오게 되었다

* 所在 : 영천시 대창면 병암리 170-2

참샘 시인의 사랑가족묘원家族墓園 겸 화목농원(和睦農園) 조성 계획

● **윗 터** : 각종 약용 초목류

- 나무류 : 뽕, 고욤, 엄나무, 돌배, 산 찔레 산수유, 석류, 당귀, 매실, 구기자, 작약 오가피, 가시오가피, 옻나무, 가죽, 오미자 두릅, 땅두릅, 뽕나무, 산뽕나무, 황기

- 각종 산야초류 : 더덕, 도라지, 생강 산부추, 엉겅퀴, 고들빼기, 인진쑥, 옥수수 잔대, 할미꽃, 민들레, 율무, 둥글래

● **가운데 터** : 과실 나무류

- 살구, 포도, 사과, 감, 밤, 대추, 모과

● **아래 터** : 각종 채 전류

- 고추, 마늘, 들깨, 파, 부추, 우엉, 머위 케일, 브로콜리, 배추, 양배추, 뿌리 배추 무, 감자, 파프리카, 호박

● **울타리 주변**

- 기타 식재 : 이팝나무, 벚나무

〈墓園 조성 작업 일지〉

조성 작업 : 산소 이장 작업
2020년 6월 19일(윤4월 28일)

1. 망월곡 선산 이장 작업

- 대상 봉분 : 증조부, 증조모 2위, 조부, 조모
  부, 모, 망실, 여동생

- 아침 7시 망월곡으로 산행
  준비물: 棺, 칠성판, 성수병聖水瓶

- 개토제 관련물 : 고유제 제문, 문종이

- 참가자 : 제주 본인, 차남 승엽
  이장 업체 직원 2명

2. 묘역 : 병암리 170-2

- 현장 작업은 7시 반경부터 韓 사장 지휘 아래 중장비로 현장 준비 작업
- 묘역 상단부에 배수로 월구 공사(여서방 배정)

- 11시경 하관 작업

하관 작업 후 황토 채울 무렵 흐린 날씨가 갑자기 화창해지고, 밝은 햇살이 쏟아져 내렸다. 모두 감탄해 환호성을 터뜨렸다.

이어 분골함을 묻고 증조부 묘를 완성하고 잔디심기 작업을 했다.

한사장과 중장비 기사와 직원들은 노련하고 성실했다.

덧대기 작업을 마친 묘역은 매우 아담한 가족묘원(家族墓園)으로 조성되었다.

선산을 마련하려는 필생의 소망이 이루어져 나는 너무 기뻐서, 주님의 은총과 성모님의 자비에 감읍하고 조상님의 가호에 감사를 드렸다.

• 기도 :

…하느님, 가문의 중흥을
주님의 뜻 안에서, 또
鬼財의 명운을 받은
저가 오랜 소망을
이루고 참된 주님의
백성이 될 것을 우리 주
그리스도의 이름으로
기원하나이다. 아멘!

산야초 동아리 활동 소고(小考)
— 해명서 형태로

유자근

나는 최근 다니고 있는 경산 소재 경상북도정보센터라는 교원 및 지역민을 위한 사실상의 종합복지관에서 좀 황당한 일을 당하고 있습니다. 얼마 전 산야초반 카톡방에 누가 보아도 엉성하고 동아리 활동의 처지나 목적에 배치되는 text message를 올린 결과로 몇 명 회원들의 항의성 떼 글을 받게 된 유자근입니다.

사실은 그 message 건에 바로 앞서 집사람의 후배 모임에 옵서버 자격으로 참가했다가, 그날도 내가 우리 산야초반의 활동 취지와 동아리 회원들의 고학력, 고른 경제력 등으로 높은 품위를 갖춘 회원들의 동질적 화목한 활동 등을 자랑스럽게 강조했습니다. 그런 후 음식과 약술 몇 잔이 오고 간 후에 평소처럼 출발은 100원짜리 고스톱판(딴 돈은 개인이 취득하지 않고 내놓음) 이 벌어져 나도 가담했는데, 알고 보니 나도 나이 그 탓으로 약간 혼미한 상태르 놀이판에 골몰했는데 술을 좋아하느라 놀이판에 끼지 못한 두 명이 시시덕거리다 문제의 그 글을 올려놓았다가 다시 우리 카톡방에 탑재함으로 내가 공개적으로 곤경을 당하게 되었습니다.

솔직히 말해서 내가 생각하는 그것이 반드시 합당하거나 바른 판단이라고 내세우고 싶지는 않습니다. 그러나 내가 평소 생각하고 처신해 왔던 나의 국내외 정치 상황이나 객관적인 주변 정세를 생각한 나의 언행이 일부 인사의 급속한 야당 성향에 편승한 것이라 인식하면서 상당한 갈등을 느끼고 있습니다.

좀 더 구체적으로 말하면 우리 경상도 분위기와 갑자기 다른 맹목적인 反경상도 내지 反여당적인 언사들이 쏟아져 나오면서 그것이 새로운 style의 지성인 행세를 하는데 나는 상당한 거부감은 느끼고 있습니다. 하기야 나도 그 부류에 찬동하는 정치.사회적인 사고방식도 충분히 갖고 있었습니다. 엄밀히 말해서 나도 한때는 反박정희 대통령 활동을 하기도 하고 더러는 반정부 활동에 가담하기도 했습니다.

그러나 그 후 나의 사고방식은 나 자신의 문제로 되돌아섰다고 해야 할 것입니다.

최근에 내가 우리 산야초반의 공용 카톡방에 야당의 맹목적인 정치 행보와 극히 현실적인 국회 운영에 대한 가벼운 비판성 짧은 글을 올린 일이 있었습니다. 그러자 여러 회원이 산야초반 고유 SNS의 업무를 벗어난 것이란 이유로 여러 회원의 신랄한 항의를 받았습니다.

그런데 그 와중에서 가장 거리끼는 것은 경찰 경감직에서 퇴직한 모 회원의 격렬한 항의성 게시의 내용이었습니다. 술자리판의 즉흥적이고 유치한 반 장난질인지 아니면 다분히 의도적인 마타도어식 저질 행위인지를 아직도 밝혀내지 못한 상태이지만 그 당사자는 평소 정치 중립적이면서 친야당성의 가치관을 가진 인사들이라 상당한 호감이 가고 대하던 사람들이었습니다. 그런데 그 가운데 한 사람은 경찰의 중간 간부로 퇴직한 사람이라 그 진의를 정확히 파악할 수 없었습니다. 지금은 심한 언쟁으로 갈라섰지만 향후 좋은 의미에서 속에서도 그 사람의 진의와 생활 자세를 지켜볼 작정입니다.

돌이켜 보면, 내가 그들 앞에서 우리 산야초반의 구성원들이 지향하는 건강에 대한 공동선과 목적을 지향하는 바람직한 활동과 회원들의 우발적인 불상사로 볼 때, 그 계기를 제공한 데 대해 책임감을 느끼기도 합니다. 아쉬운 그것은 임원진이나 회원 중 어느 분이라도 그 문제의 가짜 뉴스를 전파한 그것이 우리 산야초반이라는 조직에 대한 합리적인 처신이라고 나에게 알리고 지적해 주었더라면 사과와 함께 그 message를 즉시 삭제했을 텐데 몇 분이 다분히 인신공격성 어휘를 사용해, 떼 글을 올리는 그것으로 처리된 데 대해 좀 더 신중히 연륜에 맞게 장기, 바둑을 뜨는 신중한 차선책으로 제시했더라면 하는 아쉬움을 가졌습니다. 그와 관련해 앞으로 우리 부부는 아내의 비공식적인 후배 모임에 나가지 않을 것임을 밝혔으며 아울러 나의 실수인 결과에 대한 사죄로 산야초반서 탈퇴할 것임을 분명히 밝혔습니다.

따라서 나의 탈퇴 형식으로, 산야초 반에서 나에 대해 더 이상 거론되지 않기를 바랍니다. 바로 그 text message의 엉성한 형태의 좀 시의 부적절한 비약적인 추측 기사를 담은 그것 자체만 하더라도 유치한 가짜 뉴스의 일종이란 게 당장 판별되는 것이지만 현재나 과거의 내 개인적인 정치관이나 성향은 친여당적이며 지지자 쪽인 그것은 여전히 부정할 수 없습니다. 특히 솔직히 밝히자면, 나 자신은 수년 전에 약간 소유했던 구미의 상가 등을 처분하고 현재의 집 정도에 머물지만 국가의 부동산(특히 토지) 국가 소유 원칙의 공개념과 부유세에 대한 소유세 신설, 철저한 상속세와 증여세 및 취득세 등 및 합당한 과세의 집행을 통해 전 국민이 함께 잘 사는 국가 건설에 대한 적극적인 지지자입니다.

하여튼 나는 이번 계기로 한 마디 덧붙이고 싶은 것은 나에게 필요 이상의 인신공격을 가하고 그래도 손윗사람인 나에게 무례하게 대하는 태도가 매우 불쾌하다는 것입니다. 특히 그가 매우 급변하는 주위 환경-국내의 점증하는 정치 기류-에 단단한 자영업을 갖고 있어서 머지않은 앞날에 지방 기초의원이나 도의원에까지 진출하려는 포석을 깔고 있다는 풍문을 듣고 난 후 강한 거부감을 느끼고 반응하고 있는 중입니다. 문제는 최근 내 주변 동료들의 나에 대한 지지 내지는 동조 분위기가 점차 두터워지고 강해진다는 것입니다. 그래서 그런지 나에 대한 냉소와 도전적인 그의 태도가 요즈음 많이 달라지고 있다는 점입니다.

어떤 면에서 볼 때 나에 대한 분위기 변화는 국내의 정치. 사회 각계각층에 걸쳐 이런 유사한 풍조가 많이 일어나고 민감하게 변하고 있다는 생각이 듭니다. 어쨌든 간에 내가 이번에 유치한 글 나부랭이를 카톡에 퍼나르는 일이 아님을 이해해 주기를 바랍니다. 특히 내가 원해서 가입했던 산야초반이 계속 발전하기를 바라며 전체 회원들이 늘 건강하고 즐거운 동아리 활동을 이어 나가기를 기원합니다.

불초 유자근 배

한강 "문학을 읽고 쓰는 일은 생명 파괴 행위의 반대"

— 노벨문학상 우리말 수상소감

2024 노벨문학상 수상자인 한강 작가가 10일(현지 시간) 스웨덴 스톡홀름 시청사에서 열린 연회에서 수상 소감을 밝히고 있다. 연합뉴스

2024년 노벨문학상을 수상한 작가 한강의 우리말 수상 소감이 12일(현지 시각) 공개됐다.

한강은 지난 10일 스웨덴 스톡홀름 시청사에서 열린 노벨상 시상식 특별 연회에서 영어로 수상 소감을 발표했다. 출판사 문학동네는 한강이 보내온 우리말 원문 소감을 이날 공개했다.

여덟 살 때의 어느 날을 기억합니다. 주산학원의 오후 수업을 마치고 나오자마자 소나기가 퍼붓기 시작했습니다. 맹렬한 기세여서, 이십여 명의 아이들이 현관 처마 아래 모여 서서 비가 그치길 기다렸습니다. 도로 맞은편에도 비슷한 건물이 있었는데, 마치 거울을 보는 듯 그 처마 아래에서도 수십 명의 사람들이 나오지 못하고 서 있는 모습이 보였습니다. 쏟아지는 빗발을 보며, 팔과 종아리를 적시는 습기를 느끼며 기다리던 찰나 갑자기 깨달았습니다. 나와 어깨를 맞대고 선 사람들과 건너편의 저 모든 사람들이 '나'로 살고 있다는 사실을. 내가 저 비를 보듯 저 사람들 하나하나가 비를 보고 있다. 내가 얼굴에 느끼는 습기를 저들도 감각하고 있다. 그건 수많은 일인칭들을 경험한 경이의 순간

이었습니다.

돌아보면 제가 문학을 읽고 써온 모든 시간 동안 이 경이의 순간을 되풀이해 경험하고 있었던 것 같습니다. 언어라는 실을 통해 타인들의 폐부까지 흘러 들어가 내면을 만나는 경험. 내 중요하고 절실한 질문들을 꺼내 그 실에 실어, 타인들을 향해 전류처럼 흘러 내보내는 경험.

어렸을 때부터 궁금했습니다. 우리는 왜 태어났는지. 왜 고통과 사랑이 존재하는지. 그것들은 수천 년 동안 문학이 던졌고, 지금도 던지고 있는 질문들입니다. 우리가 이 세계에 잠시 머무는 의미는 무엇일까요? 이 세계에서 우리가 끝끝내 인간으로 남는다는 건 얼마나 어려운 일일까요? 가장 어두운 밤에 우리의 본성에 대해 질문하는, 이 행성에 깃들인 사람들과 생명체들의 일인칭을 끈질기게 상상하는, 끝끝내 우리를 연결하는 언어를 다루는 문학에는 필연적으로 체온이 깃들어 있습니다. 그렇게 필연적으로, 문학을 읽고 쓰는 일은 생명을 파괴하는 행위들의 반대편에 서 있습니다. 폭력의 반대편인 이 자리에 함께 서 있는 여러분과 함께, 문학을 위한 이 상의 의미를 나누고 싶습니다. 감사합니다.

스톡홀름/장예지 특파원

한강의 노벨 문학상 수상 논평을 읽고

유자근

작가란 특히 소설가는 작품 등을 독자에게 객관적이고 보편타당한 진실이나 합리적인 가치관에 바탕을 두고 작품의 줄거리를 이끌고 가 작품을 마무리함으로써 그 문학적 가치를 인정받아야 하는 것이 그 본분일 것이다. 그러기 위해 문학인 자신은 편협하거나 왜곡된 인생관이나 가치관에서 벗어나야 한다. 자기 한 사람의 그릇된 작가관뿐만 아니라 자기 작품을 통한 논조나 주장 등이 그 시대(當時代)를 포함해 영구히 모든 독자에게 판단의 오류를 일으키는 등 과오를 범해서는 명작이 될 수 없다는 것이다. 작가라는 독특한 자기 감성에 빠져 보편적 진실을 외면하고 독자의 판단을 오도한다면 그 자체가 작가의 무의식적인 범죄 행위가 된다.

지난 2024년 10월 10일(현지 시각) 우리나라의 여류 소설가 한강(韓江)이 노벨 문학상 수상자로 발표되면서 국내외 문단에 야단법석이 일어났다. 사실 그 자체는 개인이나 국가에도 매우 경하스러운 일이다. 우리 문단의 오랜 염원이기도 했다. 11일 자 조선일보는 3면에 걸쳐, 다음 날 12일 자에도 3면에 걸쳐 타사(他社)들 처럼 특집 기사를 보도했다. 문제는 후속 12일 자 보도에서 광주 5 · 18 사태를 다룬 '소년이 온다'와 제주 4.3사건을 다룬 '작별하지 않는다'를 피상적으로 작품을 다룬 편집 태도는 평소 호들갑스러운 조선일보가 평소의 준 보수적이란 신문 색채를 벗어던지고 좌편향적인 작가의 편에서만 특집을 이끌그 있었다.

객관적이고 무게 있는 문학 평론 기사도 함께 호들갑 일색이었다. 객관적인 분석 기사도 함께 곁들이는 편집 태도는 깡그리 사라지고 평소 조선일보의 약점인 호들갑 일색이었다. 다른 신문도 거의 다 비슷했다지만 그 수상 뒤엔 평소처럼 해당 gloval pulisher 특히 번역 출판사의 lobby 性 농간도 개재되어 있는데 또 그 배후에는 국내 출판계의 끈질긴 좌편향적인 활동이 깔려있었다고 한다. 그 노벨 문학상 수상에 앞선 타 작품들에 대한 번역 특혜 등 문단 운영에까지 그동안 지난 정부와 사회 일각은 기울어져 있었다는 시각이 지배적이다.

작가의 작품과 수상 과정이 합당하고 당대의 국가와 사회를 직시하고 올바르게 대변하는 작가가 노벨 문학상 수상자로 되어야 하는데 이번 한강 수상자의 심사도 한림원의 권위를 추락시킨 경우가 된다. 지난 김대중 대통령의 노벨평화상이 일종의 검은돈으로 수상하게 된 배경이 깔려있었다. 특히 김규나의 평처럼 그녀의 수상작 일부가 1980년 5.18 광주 민주화 사태 등을 다룬 작품 배경이 역사 왜곡의 정당화 작태라고 비판한다.

그러나 그녀의 밝고 긍정적인 면도 소설가 아버지의 인격과 폭넓은 작풍을 이어받은 일면이 돋보이며 언론에 비친 그녀의 언사에서 그녀의 참, 모습도 읽을 수 있다. 특히 그녀가 언론의 질타를 받은 조잡한 광주시장이 한강의 수상작 이름을 인용한 'xxxyy카페' 개설을 반대한 신문 기사는 평소 아버지의 교훈을 받은 영향으로 인식된다. 그녀가 작품 속에서 다룬 5 · 18 사태가 객관적 시대 상황과 어긋난 점에서 노벨 문학상 수상의 흠결이 되지만, 문학이란 것은 특히 소설의 분야는 어차피 fiction에 바탕을 두고 문학적 합리성에 맞추어 쓰여지기 마련이기도 하기 때문이다.

여기서 나는 부득이 본 잡문과 전혀 다른 나의 전라도 출신 친구에 대한 삽입형 이야기를 기술하지 않을 수 없음을 미리 밝혀 두기로 한다. 사실 나는 오래전부터 나의 공군 훈병 시절의 한 인연으로 전라도에 대한 일종의 호감이 가게 된 인연이 있다. 나는 공군 제114기생으로 1963년 초 대전 외곽지 소재 공군 기술학교에서 신병교육을 받을 때 같은 구대 소속으로 같은 내무반 바로 옆 침대에 광주일고 출신의 기한상이라는 훈병과 같이 생활하게 되었다.

당시 공군 훈병들은 한국인 평균 키 166㎝ 내외보다 큰 170㎝ 이상이 주축이었다. 그런데 그도 170㎝ 미흡한 키였기 때문에 바로 옆, 자리가 될 수 있었다. 게다가 그도 다소 내성적이고 남 앞에 나서거나 쓸데없이 힘을 과시하는 훈병 특유의 좀 유치한 그런 족속도 아니었다. 한 가지 인상적이었던 것은 당시 일고 출신이 훈병으로 입대하는 사례가 드물었던지 훈련소 조교로 복무하는 전남 출신 조교들이 여러 명 찾아와서 '너, 일고 나왔느냐?' 고 묻고 간단한 대화를 나누곤 했다. 3월 입대생이라 비교적 각 대학 1. 2. 3학년을 수료하거나 휴학한 대학생들이 많은 것이 학기 연초의 공군 지원 입대를 선택하는 현상이었다.

평소 그는 과묵한 성격이었기에 대학 재학 사실이나 자기 가정사에 대해 일체 말하지 않았고 나도 별로 내세울 것이 없었기에 더욱 그러했다. 나중에 조교들 대화에서 기한상 훈병이 그 유명한 기대승 선생의 후손일 거라는 사실을 들었다. 그는 그에 대하여도 입도 벙긋하지 않았다. 나도 기껏 내세운다면 몇 대 위인 일제 초에 청도군수를 지낸 분이 있었고 아버님이 일제 징용의 희생자이었지만 혹시 친일파의 잔재로 몰릴까 봐 숨죽일 수밖에 없는 처지이었다. 그는 언뜻 보기에는 나처럼 외모 면에서는 좀 별로이었지만 훈병 생활 중이지만 여러 가지로, 내실로 꽉 차 있다는 그것을 수시로 간파할 수 있었다. 단체 기합과 개인 기합을 거치면서 훈병 생활은 정신없이 꿈속에서 다 지나가 버렸다. 기상만 하면 들어야 하는 공군가, 또 수시로 그것을 불러야 했던 기억은 지금도 남아 있지만 세월이 흐르면서 바로 옆자리의 기한상의 얼굴 모습은 희미해졌다.

세월이 어지간히 흘러간 후 내가 경주 외동중 교장으로 재직 때 내 학교가 교육부지정연구학교로 선정되었기에 매월 전국의 교육부 지정 연구학교를 순방하는 기회를 갖게 되었다. 그래서 계획에 의해 광주의 연구중학교 순방을 마친 후 명문 광주일고 탐방을 가게 되었다. 좋은 위치에 훌륭한 캠퍼스를 지니고 있었다. 전체적으로 당시 대구 수성구에 있는 경북고등학교와 여러 면에서 비슷한 외모와 분위기를 느끼게 했다. 나는 순간적으로 공군 훈병 시절의 일고 출신인 기한상 군(씨)이 떠올랐다. 그래서 교무실이나 행정실에 들러서 그의 거처나 교육부 지침에 의해 편성된 교장단의 신분임을 밝히고 그의 연락처를 알아보려 했으나 단체 행동에 묶인 나의 개인행동은 엄격히 제한되어 있어서 다음 기회로 미룰 수밖에 없었다. 살다 보니 세월에 쫓겨 다시는 광주일고를 방문할 수 없게 되었다. 2005년 교장 퇴직 후 20년 세월이 흘러 이제 내 나이 80대 중반이 다 되고 몸은 병약해져 거동도 불편하다.

이제 발걸음을 제 자리로 돌려야 하겠다. 나의 큰딸 또래의 한강 작가는 매우 훌륭한 작가이다. Novel 상 수상 관련 영어 interview에서도 그녀는 수상자로서의 자기 실력을 과시했다. 이 글 끝에서 나는 다시 한번 그녀의 영광스러운 수상 소식을 기뻐하면서 축하를 보낸다.

아울러 나는 사력을 다해 외쳐 본다. "기한상! 내 마음의 친구, 귀하는 지금도 살아있는가? 살아 있다면, 연락하시게. 꼭 만나보고 싶다네!" 우리 주님! 저의 소망을 받아 주소서! 아멘!

〈민원서류 보완용 탄원서류 제출〉

탄 원 서

받는 분 : 국가권익위원장
참 조 :

민원인 :
성명 : 유자근
주민등록번호 : 43XXXX-XXXXXXX
연락처 : 010-XXXX-XXXX
주소 : 경북 경산시 XXXX

탄원 이유와 민원의 경위

1. 민원에 따른 경위와 상급관청의 반응

소직 자인중학교 교감 유자근은 호봉정정에 따른 봉급(수당) 청구와 관련된 교육부의 합당한 회신(별첨 2호 공문)을 받고 당시소직이 경상북도경산교육장을 상대로 봉급(수당)을 별첨 7호 {호봉정정 및 동 정정에 따른 봉급(수당)청구}에 의거 청구했으나, 호봉소급정정 통보를 한 것으로 일단 상기민원을 종결한 것으로 수당청구는 불가하다는 회신을 보내왔습니다.

따라서 소직은 교육부의 회신 공문의 취지와 상반되는 부당한 처사를 해결하기 위해 당 경산 지역교육청을 방문해 당시 학무과장과 중등계장에게 민원을 해결해 줄 것을 요구했으나 상급관청의 결정에 따르는 자세가 교장승진을 앞둔 공직자에게 필요할 것이란 등 고압적이며 소위 갑질성 행태를 보이기만 했습니다.

당시 교감인 소직의 직속상관 장병호교장도 저에게 귀하의 교장 연수도 임박한데 당분간 자중하는 게 좋을 것이라 권유하면서 도교육청 관련부서에서도 소직이 문교부에까지 민원을 제기한 것에 마땅찮은 시각을 갖고 있음을 유의하라고 해서 억울하지만 일단 조용히 지내면서 교장 연수를 위한 활동에 임했습니다.

2. 봉급(수당) 청구를 위한 민원 제기의 사유

본 민원인인 유자근은 후속적으로 상급관청인 지역교육청과 도교육청을 상대로 봉급(수당) 청구를 사실상 포기한 채 교장 연수를 거쳐 발령을 받았으나, 당시 1990년 초.중엽의 국내의 정치 및 행정 상황이 고압적인 관변주도적인 대민자세에다 다분히 갑질성 행정자세로 민원을 처리하는 위압에 눌려 미해결의 상태로 시일을 보내면서 1차 민원서류(첨부서류 7)에서도 명시했던 '봉급추가소요 신청 근거 및 자료 3법령근거 가-마항 가운데 특히 마항 민법 제163조 단기 소멸시효'의 유효성을 계속 주장하고 지키지 못한 채 정년퇴직을 맞고 오늘에 이르게 되었습니다.

3. 탄원서 제출 계기와 내용

본 민원인 유자근은 선친 유방우가 일제 말 1942년 5월 9일(음) 일본 징용 중 山口懸 大野市 소재 광산에서 갱도 사고로 사망하고 어머니는 할머니의 권유로 자의 반 타의 반으로 개가함으로써 저는 유년기와 청소년기를 매우 힘들고 불우하게 성장했습니다. 대구교대를 거쳐 계명대 영문과를 졸업하고 교사를 천직으로 삼고 성실히 근무해 장학사 교감을 거쳤고, 그 이전 수비고등학교 교사로 근무 중 별첨 7 경위서에서 밝힌 사유로 호봉정정 및 봉급(수당)청구민원을 제기한 데 대해 교육부의 회신이 소급하여 호봉을 정정하고 적용 기간의 보수 지급이 가능하다는 것을 명시했음에도 불구하고 당시 1차 민원을 제기했던 경산교육청과 도교육청의 불합리한 거부적이고 위압적인 행정 처리에 불만을 가진 채 교감 교장을 거쳐 정년퇴직을 맞았습니다. 그러나 민원인에 대한 행정 처리는 당사자에게 유리한 방향으로 처리하는 법 정신을 벗어난 당시 경북교육 행정의 고질적이고 관변 주도적인 행위에 저는 계속된 위압에 짓눌려 퇴직 이후에도 그 후유증으로 인한 우울증에 계속 시달려 지냈습니다.

불운하게도 저는 퇴직 후 2005년 11월 11일 대구 남부사거리에서 차량 신호 대기 중 후속 차량에 의한 추돌사고로 아내와 중상을 당해 6급 지체장애인이 되고 이어 5급 청각장애를 받았습니다. 게다가 작년에는 연이어 코로나를 앓아 평소 지병인 신장질환이 급격히 악화되어 연말에는 경대병원에서 3차의 신장 관련 수술을 받아 투석 환자가 되어 3급 중증 환자로 판정받아 아내의 도움 없이는 보행도 힘든 처지가 되었습니다.(의무기록 사본발행증명서 및 장애인 증명서 첨부)

그런데 작년 봄 신장 수술 전에 경북교육퇴직공무원 친목 단체인 경북삼락회 모임에 참석했을 때, 소직의 재직 당시 경산지역교육청과 도교육청의 민원 처리 직무 담당 장학진으로 재직하면서 저의 민원에 대해 부정적 시각을 갖고 본 민원을 veto했던 인사들이 80대 고령으로 삼락회 중심세력으로 등장하면서 저에 대한 냉담한 태도를 갖는데 대해 분개하면서 새로운 stress를 갖게 되었습니다.

게다가 그 후 저는 연이은 입원과 수술로 상당한 부채를 짊어져 연금 22년제(네 자녀의 교육비 청산과 결혼비 마련으로)를 선택해 현재 월 약 260만 원의 연금 수령액으로 월 30만 원의 투석치료비와 관련 약값과 간헐적인 경대병원 검진 관련비 등을 지출하면 현재 생계가 곤란한 지경입니다.

따라서 차제에 이 병약한 민원인에게 민원 내용을 살피시고 법정신에 의거 합법적으로 봉급(수당) 청구액을 수령할 수 있도록 선처해 주시기를 간청합니다.

2024년 6월 17일 민원인 유자근 드림

조용할 때 읽어라
— 어느 날의 부.자간의 text message 교환

… (전략) …

아버지 : short video의 curtailed word 단축형이니까 short form이지, 이미 잘 알고 있었네. 그냥 쉬어가면서 '도랑 치면서 가재 잡는 시간'이란다.

도랑 치고 가재 잡기는 papago에서는 ditching and catching a crayfish로 다음에서는 catching lobsters in ditches로 옮겨놓았다. lobster는 바닷가재이잖아. 이 경우는 일본판 일한사전에도 도랑 치고 가재 잡기는 한국 고유의 cultural meaning이니까 등재되지 않았을 것이다. Google 판에도 당분간 같은 맥락일 것이다. 兩國 편찬자들의 bilingual communication이 선행되어야 할 사항이므로….

아들 : short form 이라고 합니다. short video보다는 shorts라고도 하고요

아버지 : 그래. '짧은 동영상'을 google에서는 shot video로 표기하고 있다

이것을 shorts로 짧게 curtailed word로 표기하고 있다. 현재까지 한국에서 시판된 사전에는 없던 신조어이다.

현재 cell phone 등에 주로 사용되고 있지. – 그래서 short video는 현재 shorts로 주로 통용되고 있는 것이지.

* 2024년 10월 10일 목

(조-손 사이의 text message를 통한)

영어 학습 내용

네이버를 통한 할아버지-손자 사이의 text message와 학습 내용

할아버지 : 파파고를 click해 영어 공부 방법을 터득해 보아라. 이 할아버지의 가장 자랑스러운 우리 정빈(湞彬)아, 이 message text를 바로 저장해 가끔 가슴에 새겨라. Have a nice day.

+ papago를 활용한 중 2 손자의 영어 공부 돕기

* 손자의 cell phone에서의 활동 내용

+ 학습할 번역문 : 할아버지가 손자 카톡에 보낸 대화체

할아버지가 손자에게 보낸 대화체
한국어 : 할아버지의 소망을 이 text message를 받고 '집에 가면 할아버지의 소망을 엄마와 아빠에게 가슴속에 새겨두고 있다고 알려라.' 영어로 번역 하기 - (papago에서) -

위 한국어를 papago를 통한 번역문으로 찾으면 (정빈이 활동 사항)

영어 : When you get home, tell your mother and father that you have your granfater's wishes in your heart.

엄마. 아빠는 친숙한 아동 용어 mom and pa로 번역해야 하는데 pc가 하는 번역이나 통역의 한계이다. 이 점에서는 아직 우리 네이버가 microsoft나 google에 못 미친다는 오늘 신문 기사 – 한국의 인공지능(AI) 모델 수준 – 특히 네이버(클로버)가 영.한과 한.영 번역은 꼴찌 수준이라고 보도하고 있다. 사실은 microsoft나 google에서 제공하는 번역이나 통역의 한계도 마찬가지이다.

앞으로 한국의 젊은 학도들이 눈 닦고 보면서 공부해야 할 부문이다. 최근 한국의 고 3학생이나 부모가 다 의과대학이나 소수의 우수 대학교의 법과 대학에 진학하는 데에만 골몰해 있다는 것이 국가 발전과 인류의 복지 향상에 기여할 기회를 원천적으로 차단하는 것이다. 그 밑바닥에는 졸업 후 안정된 돈벌이와 개인적인 출세의 기회를 얻으려는 목적이 깔려 있는 것이다. 따라서 그들의 소망이란 것이 교육의 본질에서 볼 때는 참으로 편협하고 자기중심적인 한심한 실태인 것이다.

여기에 비해 공산권인 중국의 경우는 공산권이란 특수성 때문이지만, 학생의 능력과 소질을 지속적으로 관찰해 온 진로지도를 담당하는 교사와 학교에서 대학의 전공과목과 대학 입학에 대한 결정권을 갖는다. 개인의 선택권이 제약되는 비민주적이긴 하지만, 성적이 우수하거나 수재급 학생들이 과학 전 분야에 골고루 배치되어 국가가 필요로 하는 유용하고 뛰어난 인재로 성장하게 된다. 우리나라는 성적 최우수 학생은 학생 본인이나 학부모까지 의과대학이나 서울대와 S. K. Y의 법대를 지망하고 있다. 그 밑바탕에는 오로지 안정된 개인의 경제적 이득과 출세의 목적이 깔려 있다. 이웃과 사회와 인류를 위해 기여하는 사람이 되라는 기독교 가르침과는 너무나 거리가 멀다. 올해 수능 만점을 받은 학생 2명이 의대 지망 대신 일반 자연 계열을 선택했다는 참신한 소식을 신문에서 읽은 기억이 있다. 중국의 경우는 학생 인구가 많은 데다 천재나 수재급 학생을 적재적소로 진학시켜 우수한 젊은 과학자나 기술자로 양산하고 있어서 앞으로 세계를 지배할 것이 확실하다. 이러한 현상을 미국 교육계는 중국에 의한 미국의 침몰이 될 거라고 우려하고 있단다.

커서 훌륭한 주님 백성이 되고 사회와 민족과 인류에 기여하는 인재가 되어야 한다.

집에 귀가하면, 아빠. 엄마에게도 할아버지의 소망 text message 문자 메시지를 받고 가슴속에 새겼다고 알려라. 할아버지가 –

◆ 논문 ◆

〈학위 논문 발표 요지〉

Long Day's Journey into Night를 통해 본 O'Neill의 강박관념

발표자 : 유자근(계명대학교 교육대학원 영어교육과)
지도교수 : 김종선

I. 서론

가장 아끼고 이해하면서 사랑해야 할 가족 구성원들로부터 짙은 소외감과 열등감을 느끼며 병약하게 성장했던 E. O'Neill은 심한 아동기 우울증에 걸리지 않을 수 없었다. 이러한 정신생활은 그의 성격 형성에까지 영향을 끼치게 되었다. 그런데 그 아동기 우울증은 그가 학동기를 거쳐 청년기에 들어와 무정부주의와 Nietzsche 등의 사상을 받아들이면서 우울증으로 굳어지게 되었다.

O'Neill에 있어서는 병약한 체질에서 오는 신체적인 요인과, 소외와 위기의식 등의 거부감과 애정결핍으로 인한 정신적 요인이 우울증을 복합적으로 발생시킨 것으로 보여진다. O'Neill을 연구한 자서전 작가들의 공통된 지적은 그의 정신생활이 끊임없는 초조와 불안의식의 지배를 받았다는 사실이다. 이러한 불안 심리 상

태의 한 원인으로 Narramore는 "the result of inadequacy and inferiority"라고 내세운다.[1)]

이러한 이상심리, 특히 우울증 특유의 현상인 인생에 대한 비관주의적 견해와 불행감을 O'Neill은 느끼게 된 것이다. 유전을 포함한 여러 가지 선천적인 요인들과 원치 않던 아이로서의 출생과 소외감을 일으킨 성장 환경 등의 후천적인 요인들이 그로 하여금 한 평생 소심증과 열등감을 떨칠 수 없게 했으며, 그것들로 인한 불안 심리와 우울증은 후일 그를 불치의 강박관념 속에 빠져들게 했다. 건강하고 적극적이며 활발한 아버지와 형뿐만 아니라 아편중독자로 드러나기 이전에는 'Virgin Maria' 같던 어머니 틈에 끼어 병약하고 소극적인 자신에 대해 항상 느껴 왔던 열등감은 성장 후 일종의 강박관념으로 고착되어 한평생 자기 가족들에 대한 적개심과 냉혹함으로 나타났다. 자상하고 애정 많던 부모-돈에 집착해 상업주의에 빠진 배우 아버지인 James와 산고를 못 이겨 약물 중독자가 된 어머니 Mary(Ellen)-에 대해서는 청년 전기부터 항상 대립과 충돌을 일으켰고, 알콜중독으로 죽어가는 형 Jamie(James O'Neill Jr.)를 몰인정하게 외면해 버렸던 것이다. 또 처자식에 대해서는 그가 부모로부터 받은 방랑, 유기와 소외에 대한 앙갚음을 하려는 듯 잔인할 정도로 냉정한 태도를 보여 주었다. 그가 두 번의 이혼을 통해 나타낸 처자에 대한 유기의 부도덕성과 그것으로 인한 그들의 불행에 대해서는 거의

1) Clyde M.Narramore, Encyclopedia of Psychology Problems, translated by I. Kim(Seoul : Voice Publishing Co., 1986), P.35.

관심을 갖지 않은 채–Freud가 개인의 변혁을 통한 자기 개혁을 강조한 것을 이기적으로 받아들여서 – 여성 편력과 방종에 대해 자기합리화를 추구했던 것이다.

한편 교우관계가 폭넓지 못했던 대인관계는 무관심과 불신의 테두리를 벗어나지 못했다. 단지 상상력이라는 용광로 속에다 실제적인 삶을 쏟아 넣고 그것을 극적 장면에 맞게 재구성해 내는 일에만 몰두한 채 인생을 살아 나갔다.

일생동안 62편의 희곡을 완성했으며 폐기된 11편을 제외한 나머지 작품의 반수 이상이 자전적 작품이었다. 그 어느 작품보다도 E. O'Neill의 실제적인 삶에 가장 가깝게 그려진 것이 1912년 폐결핵 치료차 결핵 요양소로 떠나기 바로 직전을 무대로 한 Long Day's Journey into Night이다. 이 작품 속에는 E. O'Neill의 일생을 지배한 결정적인 환경요인과 유전적인 문제뿐 아니라 그의 유아기의 일부를 포함한 성장 과정이 가족 간의 대화와 회상의 형식으로 그려져 있다. 특히 자신의 광기와 폭음 그리고 가정 유기 등을 조부 대로부터 삼대에 이르는 대물림을 통해 그리고 있다.

이 작품을 통해 한평생 그를 괴롭혀 온 유전과 환경적 측면의 운명 요인인 방랑, 소외, 유기, 이방인 의식에서 연유된 불만과 분노가 고착된 20년간의 고통스러운 삶을 되돌아보면서 O'Neill의 관심으로 병적인 내전 세계를 폭로하고 있다. 그가 Carlotta에 대한 헌정사에서 밝힌 것처럼 저 눈물을 흘리면서 이 작품을 완성한 것은 지난날에 대한 가족 상호 간의 이해와 용서의 표현이며 진정한 의미의 고해성사이고 통회였다. 스스로 만들어 낸 심적 상처에 시달리며 스스로 소외된 인생을 마치기까지 끝내 'Catholic God'의 존재를 불신했으며, 결정론에 근거를 둔 불가해한 힘인 운명과 절대신 등의 인간 운명의 지배에 관심을 둔 채 애매한 신관의 'twilight zone'에 서 있었던 한 회의론자이자 무신론자였다. 말기의 대표작 LDJN을 통해 끈질긴 자기 분열에서 온 내면적 갈등, 비뚤어진 인생관과 불치의 강박관념에 시달려 온 그의 일생에 걸친 생활사를 Freud의 심리학적 고찰을 원용하여 그 병적 근원을 밝혀 A. Gelb, F. Carpenter와 H. Frenz 등의 연구 방법을 따라 그의 작품 세계를 올바르게 분석 이해하는데 본 연구의 목적을 둔다.

II. 본론

1. 작가의 정신적 배경

O'Neill은 복잡하게 얽힌 사회적인 문제를 의식적으로 피하거나 무관심한 태도를 보인 채 단지 자기의 개인적인 체험에서 오는 문제를 평생에 걸쳐 탐구한 작가이다. 이런 관점에서 볼 때 그는 극작가로서의 사고능력이 결여되었었다고 볼 수밖에 없다. 그래서 그의 작가적 시야가 좁고 작품 주제 설정에 있어서 사고 영역이 자신의 세계를 벗어나지 못해 표면상 보잘 것 없는 소우주로 보이나 그 속에서 표류하는 인간들의 불행, 갈등, 좌절, 강박관념 등을 다룬 인생의 작은 단면 위에는 인간의 운명을 지배하는 불가해한 힘인 운명, 절대신 등의 거대한 대우

주가 축소되어 들어있는 것이다. 결국 그는 개인이나 가족관계에서 발생하는 인간 비극의 원점인 운명이란 렌즈를 통해 거대한 우주를 들여다보고 그 불가해한 신의 힘이 작용하는 우주의 실체를 '… impelling, inscrutable forces behind life'[2]로 감지한 것이다. 한편 극작가로서 갖는 숙제에 대해서는 "I am interested only in the relation of man and God."[3]이라고 말했다. O'Neill의 작가적 관점은 인간이나 사회적 문제보다 인간과 신과의 관계에 있다고 하나 그 관심의 원점은 인간 문제 자체에서 시작되고 있다. 그래서 그는 전쟁과 급속한 변화를 일으키는 물질문명의 와중에서도 관심의 초점을 자기 개인과 가족을 중심으로 한 내면세계의 탐색에만 돌렸을 뿐이다. 한마디로 그는 사회 문제에 대해 무관심하다기보다는 냉정한 태도를 취했다고 할 수 있다. 이러한 작가적 경향은 그의 자기중심적이고 폐쇄적인 성격에서 온 것으로 간주된다. 그래서 그의 작품 속에는 자기 경험과 개인 문제들이 많이 담겨 있는 것이다.

E. O'Neill이 사회적인 문제보다 자기의 경험과 개인적인 문제 즉 인간 자체에 깊은 관심을 둔 것은 자기와 성장, 결혼생활, 인생관 등에서 유사점을 가진 August Strindberg의 영향이다. 그런데 그의 표현주의 기법이 외면적으로 Strindberg의 영향을 받았다면 내면적으로는 Freud의 분석 심리학의 영향을 받은 것으로 간주된

2) Eugene O'Neill, "A Letter to Barrett Clark," in Cargil, P.100.
3) Oscar Cargil, N. Bryllion, and William J. Fisher, eds, O'Neill and His Plays (New York : New York University Press, 1970), P.I.

다. 특히 그는 후일의 자전적 작품을 통해서 O'Neill가에 엄습하는 대를 잇는 가정비극의 근원을 현재의 표층에서 과거의 심층 속으로 소급해 규명해 냈다. 그래서 그는 끈질기게 닥쳐오는 운명과 투쟁 하고 싸우면서 죽어가는 비극적인 인간들의 모습에서 그들에게 고착된 갖가지 강박관념이 불치의 이상심리와 정신신경증으로 진행되고 표출되는 내면세계 묘사에 심혈을 기울였다.

2. 강박관념의 분석

LDJN에 나오는 네 명의 등장인물은 모두 다 정도의 차이는 있지만 유전적인 요인과 환경적인 요인 두 가지 측면에서 본 이상심리의 소유자이며, 지나간 과거에서 연유된 강한 강박관념에 걸려 있었다. 그런데 그러한 가족구성원 전체와 관련된 불치의 강박관념에 대해 O'Neill 자신은 이 LDJN속에서 Edmund 의 대사를 통해 "we are all crazy."[4]라고 서술하고 있다.

약물 중독자가 된 어머니 Mary에 대한 Jamie의 깊었던 애정은 강박관념에 짓눌린 증오로 바뀌어 극의 종결 부분에 이르러 Hamlet의 Ophelia에 견주면서 "Enter Ophelia "란 망언을 낳기에 이르렀다. 항상 불안심리에 빠져 있고 수족 경련증을 나타내는 모습은 그녀의 아편 중독과 강박관념의 표출인 것이다.

한편 겉보기로는 가장 대범하고 낙관적인 아버지 James도 지난날의 뼈에 사무치는 가난에서 온 가난

4) E. O'Neill, Long Day's Journey into Night (New Haven : Yale University Press, 1979), P.126.

공포증이 지울 수 없는 강박관념이 되어 구두쇠기질을 나타내고 노후를 대비해 돈을 절약하고 값싼 땅을 사들이는 데 몰두해 있다.

또 선천적인 재능을 아편중독자 어머니에 대한 실망 속에 내던지고 술과 창녀에 몰입함으로써 자기 파괴적 현실도피 행위를 하는 형 Jamie는 자제력 약한 인물로 강박 관념적 현실 문제를 가장 못 이겨내는 나약한 성격 소유자이다. 전 가족 구성원 가운데서 가장 비관적이고 부정적인 인생관을 가진 그는 가장 깊은 강박 관념속에 빠져 정신적 지배를 당하고 있다.

O'Neill은 첫 결혼의 소란스러웠던 소동을 깡그리 가리워 놓고 자기 미화적 묘사로 원치 않은 아이에서 온 방랑, 유기와 자기 방종적 방황벽에 대한 과거에로의 추적을 통해 자기자신의 강박 관념적 부적응에 대한 자기합리화를 시도하고 있음이 느출되고 있다. 그래서 그는 극 중의 자신을 나타내는 인물을 어려서 죽은 형 Edmund로 바꾸어 내놓고 있다. 그 병적 심리가 강박관념으로 고착된 요인들을 좀 더 구체적으로 분석하기 위해 C.M. Narramore가 제시한 강박관념과 강박행위를 가진 사람의 특징을 살펴보면, "극도의 의심, 부당한 걱정, 비현실적인 공포, 자신감 결핍, 원치 않은 생각과 행동의 반복 경향이 거론되고 있다.[5] O'Neill의 경우에는 그밖에 열등감과 종교에 대한 회의 등이 강박관념으로 고착되었으며 그를 불치의 강박관념 속에 빠지게 했다. 그 결과는 그를 심한 neros:s에 빠지게 했으며 여러

---

5) Clyde M.Narramore, op.cit., P.371.

가지 생활면에서 광기(insanity)로 나타나고 있다.

그래서 O'Neill 일가에 나타나는 광기의 병적 근원을 삼대 선조인 할아버지의 비정상적인 죽음으로부터 규명하고 LDJN속에 나타내지 않은 첫 결혼의 소동으로 빚어진 아내와 장남에 대한 무책임한 가족 유기의 유전적인 대이음을 할아버지의 처자 유기와 아버지의 혼외정사 문제와 결부시켜 자신의 부도덕한 치부를 가리려는 시도로 나타낸다.

그의 이러한 자전적 작품답지 못한 자기 미화는 그가 지난날의 부도덕성에 대한 죄의식적 강박관념에서 벗어나지 못한 사실을 나타내주는 것이다. 또 이러한 내면적 생활과 관련된 여러 가지 강박관념의 사례를 앞으로 완성될 본 논문 속에서는 Freud의 심리학적 고찰을 중심으로 한 정신발달의 단계 (본 논문은 편의상 E. Erickson의 8단계 구분을 따름)에 따라 상세히 분석 설명할 예정이다.

Ⅲ. 결론

불행한 방랑자 E. O'Neill은 원치 않은 아이로 태어난 출생 자체가 비극적이었던 것처럼 그 파란만장한 긴 삶의 여정 역시 비극적이었다. 짙은 종교적 기질을 타고나서 Catholic school의 교육을 받으면서 성장한 그가 부모로부터 받은 유기, 방랑 의식은 그의 유년기에 깊은 infantile traumata 를 남겨 한평생 풀리지 않는 강박관념으로 응어리지게 된 것이다. 특히, 그가 어머니 Mary(Ellen)의 마약중독을 알게 됐을 때 감당

키 어려운 충격을 받았던 것이다. 그래서 그는 "virgin Mary"로서의 어머니상이 허물어진 것에 참을 수 없는 좌절감을 느꼈으며 어머니의 구원을 위해 신에게 간절한 기구를 했다. 그러나 신은 그에게 아무런 은총도 내려주지 않았다. 어머니에 대한 환멸감과 신에 대한 거부감은 그의 내면세계를 송두리째 흔들어 놓았고 유기와 소외의식으로 멍든 의식구조에 지울 수 없는 상처를 입혔다. 그리고 그 여파는 결국 그를 끝없는 방랑의 세계 속으로 끌어들이는 결정적인 요인이 되었다.

그래서 그의 정신적 방황은 그를 일찌감치 종교적 인습과 규율로부터 탈출시켜 놓았고 소년 시절인 Betts Academy 학생 때 술과 이성 교제에 눈을 돌리게 됐고 그의 뇌리 속에서 Catholic God에 대한 경외심과 종교적 규율성은 사라지게 되었다. 그 대신 공허감을 술과 여자, 끝없는 방락벽을 통해 해결하려 했으나, 그의 선천적인 난폭성 때문에 음주벽과 방탕성으로 일생을 보내게 되었다.

그를 비극적인 삶 속으로 끌어들인 그 모든 병적인 이상 심리 즉 가족에 대한 사랑과 미움, 무능하다고 배신한 Catholic God과 이방신들, 고통스러운 삶에 대한 좌절감에서 자살을 시도했던 anathos적인 죽음의 동경과 폐결핵의 공포에서 벗어나려고 작가로 변신을 했던 eros적인 삶의 동경이 주는 두 가지 심리 상태의 이중 경향 (ambivalence)이 그를 깊은 회의와 좌절감 속으로 끌어들였고 그것은 결국 씻을 수 없는 강박관념으로 고착된 것이다. 결론적으로 말해 그의 일생은 강박관념의 지배를 받은 불행한 삶의 연속이고 그것으로부터 탈출하려는 처절한 삶의 투쟁이었다.

◆ 논문 ◆

學校評價에 對한 校長의 評價觀

유자근

I. 들어가면서

금년(2004년) 10월 22일 현재 수출 2000억 불 시대의 개막과 '10대 수출국' 반열에 들어섰을 뿐만 아니라 한류의 위력을 통해, 저력 있는 한민족으로서의 긍지를 느끼게 하는 밝은 뉴스와는 달리 최근의 국보법 폐지 논란, 헌법재판소의 '수도 이전법' 위헌결정, 잇단 금융 비리와 거액의 외화 유출 등의 정치적 · 경제적 현안이 극도로 혼란스러운 데다 말썽 많은 사립학교 법 개정추진과 일부 수도권 대학의 수시전형에서 배점을 달리한 고교등급제를 적용한 사실이 밝혀지면서 정치 · 경제와 함께 교육에 대한 불신이 팽배해 있다.

이러한 혼란의 밑바탕에는 오랜 입시 교육에 밀려 국가관과 민족관을 포함한 인성교육의 중요성이 제 자리를 잃은 데다가 그동안 독재와 군사정권의 기득권층에 대한 강한 거부감을 가진 새 세대들이 사회와 국가의 주도적인 계층을 이루면서 보수와 진보 간의 지나친 갈등을 일으켜 자유민주주의와 시장경제에 반하는 국가적 혼란까지 초래하고 있다.

Ⅱ. 학교의 위기와 학교평가의 당위성

학교의 위기가 발생한 시대적 배경과 실태를 밝히고 그것을 극복하고 해결하는 한 방안으로서 학교평가 실시의 당위성과 평가의 필요성이 갖는 상관성을 살펴보기로 한다.

1. 학교의 위기

최근 들어 전 세계적으로 학교의 위기에 대해 많은 논란이 대두되고 있다. 그것은 첨단 교수기기의 보급, 인터넷과 다기능 휴대폰 등의 등장으로 성인들뿐만 아니라 학생들 자신도 그 사용방법 및 기능의 배경과 변화를 이해하고 따라잡지 못해 적응하지 못하거나, 그것이 갖는 본래의 사용 목적에서 벗어나 악용함으로써 큰 사회적 문제점을 불러일으키고 있다.

또 다른 측면에서 볼 때 학교가 갖는 보수적인 문화의 특성 때문에 급격한 지식습득의 수단인 인터넷을 통한 사이버 공간이 새로운 학습의 장으로 떠오른 변화의 틀에 적응하지 못해 존폐의 기로에서 방향 감각을 잃은 채 중대한 학교 위기에 빠져 있다.

따라서 이러한 시대적 변화에 대처하기 위해서 학교가 격변의 21세기에 부응하는 모습으로 변화해 교육 수요자가 요구하는 학교 모형으로 새롭게 태어나야 할 것이다. 그 밑받침으로 세계 각국은 다투어 교육개혁을 추진하고 있다. 우리나라도 국가 경쟁력 강화의 일환으로 우리의 현실에 적합한 학교평가 제도를 마련해 실시하고 있는 중이다.

2. 학교평가의 당위성

오늘날 우리가 처한 이러한 현실에 대해 혹자는 그 책임을 교육계가 겸허히 받아들이고 새로운 미래지향적인 교육지표를 세우는데 교육계의 지도층과 정책 입안자들이 제 몫을 바로 해야 할 때라고 강조하고 있다.

따라서 기관평가 및 학교평가를 통해 우리 교육 현장의 문제점을 직시하고 합리적인 지향점을 모색하고 올바른 역할을 할 때, 교육의 참모습이 제자리를 찾고 조속히 정치적 · 경제적 혼란이 극복되고 우리나라가 선진국 대열에 진입하는데 당연히 기여할 것이다.

최근 우리나라의 경우, 교육계의 일각에서 초 · 중등학교를 대상으로 하는 학교평가의 필요성과 당위성에 의문을 제기하고 반대하는 사람들이 교육단체를 중심으로 많이 나타나고 있다. 그들은 (1) 초 · 중등학교의 평가를 위한 합리적 기준의 설정과 그 실시를 위한 전문평가 인력의 미확보, (2) 학교평가의 절차나 평가 영역과 요소의 설정을 포함한 평가제도가 관주도적으로 이루어진 일방적 행정, (3) 학교평가를 통해 얻어진 결과 활용에 대한 문제점 등을 지적하고 있다.

Ⅲ. 학교평가에 대한 교육 현장의 시각

1. 학교평가의 법적 기반

우리나라의 경우 학교평가의 중요성과 필요성을 인식해 그 법적 기반을 마련한 것은 1995년 대통령자문교육위원회가 교육공급자에 대한 평가 및 지원체제 구축을 1995.5.31 교육계획안에 포함시켰다. 그 안의 한 주요 핵심내용은 학교평가를 제안한 데 있다. 또 그 학교평가의 주된 취지는 '학교운영을 평가 공개하고, 평가결과와 행·재정 지원과의 연계를 강화하여 교육기관의 책무성을 강조함으로써 교육의 질을 향상하도록 한다.'는 것이었다.

이 개혁안을 바탕으로 1997년 12월 제정된 초·중등교육법 제9조에 교육부장관은 지방교육행정기관과 학교에 대한 평가를 실시할 수 있도록 하는 근거를 두었고 1998년 2월에 공포된 동법시행령 제 11조, 12조, 13조에 지방교육행정기관 및 학교의 대상, 기준과 절차 등을 규정하고 있다. 후속적인 관계법령의 정비에 이어서 1997년부터 교육부는 시·도교육청에 대한 기관평가를 실시했고 시·도교육청은 관할지역의 지역교육청과 학교를 대상으로 평가를 실시해 오고 있다.

2. 학교평가에 대한 교육 현장의 시각

이러한 학교평가는 최근 들어 거의 모든 국가에서 그 시행을 누가 맡고 있든 간에 관주도적으로 이루어지고 있기 때문에 평가를 받는 학교구성원들은 그 결과를 위협적으로 인식하여 평가점수를 획득하기 위한 부풀리기를 포함해 전력을 기울이지 않을 수 없다. 그래서 학교평가가 자기반성과 실태 확인을 통한 보다나은 교육의 질 개선에 활용되기보다 학교평가에 임하는 준비활동과 작업이 목적 그 자체가 되는 엉뚱한 부작용을 초래하고 있다. 거기에는 다분히 조작되거나 과장되어 착색된 서류 위주의 평가 자료들이 평가자의 인상착오와

오류를 범하게 할 요인의 형태로 포함되어 있다. 그것들은 때때로 현장방문평가를 통해서도 확인할 수 없을 정도로 잘 꾸며져 있기도 하다.

따라서 현장에서 보는 학교평가는 상급관청이 학교를 통제하기 위한 수단과 목적으로 이루어지는 하향적이고 관례적인 평가로 업무만 가중 시키고 전문성마저 결여된 형식적인 행정 행위로 인식하고 있으며 불평의 대상이 되고 있다.

그러면 일선학교의 구성원들이 현행 학교평가를 부정적인 시각으로 보는 이유를 다음과 같이 제시한다.

가. 평가항목이 관주도적인 관점에서 이루어져 교육현장과 괴리를 이루고 있다.

나. 학교평가를 기관평가의 테두리 속에 두어 현장학교에 부담을 주고 있다.

다. 교육평가의 계획, 진단, 영역구분, 기준설정과 결과분석의 단계 등에 현장의 소리가 거의 반영되지 않고 겉돌고 있다.

라. 학교평가 자료를 확인 · 분석 · 평가하는 상급관청의 평가기준 설정이나 평가에 대한 전문성과 전문 인력이 부족하다.

마. 평가 자료에 대한 처리방법이나 접근자세가 불성실하고 객관성이 없어 신뢰성이 떨어진다.

바. 지역별 · 학교별 특성을 고려하지 않은 문서 위주의 획일적인 일과성 행정행위로 전락하고 있다.

Ⅳ. 학교평가에 대한 교장의 평가관

경쟁력의 본질은 남이 갖지 않은 것을 갖고 활용할 수 있는 차별화의 능력이다. 학교평가의 궁극적인 목적이 단위학교의 경영을 전 영역에 걸쳐 진단 · 분석 · 이해 · 자문하는 과정을 통해 학교가 양질의 교육을 지속적으로 하도록 하는 평가활동이다. 따라서 그것은 수량적인 계수화에 의해 서열이 매겨지면서 상대평가로 귀결되지 않을 수 없는 경쟁의 속성을 띄게 된다. 그러므로 학교평가의 대상은 단위학교 교육과 경영의 최고 책임자인 교장을 위주로 한 전체 구성원과 그들이 활동한 학교경영의 영역 전체가 된다. 이러한 특성이 일반적 학력 평가나 교육과정평가와 상이한 더 광범위한 상위 개념을 이루고 있는 것이다.

그래서 학교장은 그 역할과 지도력이 학교교육과 경영의 과정 및 성과에 중요한 영향을 끼치므로 학교장의 능력평가는 바로 학교평가의 한 영역이 되기 때문에 학교평가에 대한 올바른 평가관을 인식하고 그것이 갖는 이분론적인 속성을 띈 자체평가와 외부평가에 대한 상대적인 본질을 이해하면서 때로는 두 이질적인 요소를 결합한 학교단위평가의 중요성이 강조되고 있다.(Nevo, 1995 : 49)

따라서 여기서는 학교평가에 대한 교장의 평가관을 평가의 주관자에 따른 내부평가 형태인 자체평가와 관주도형 및 협의체주도형인 외부평가로 구분해 살펴보기로 한다.

1. 자체평가에 대한 교장의 평가관

학교평가를 편의상 평가자의 주관적 입장에서 본 외부평가는 평가의 주도자와 사용자가 단위학교의 외부에 있는 것이고 자체평가(내부평가)는 학교 자체가 평가의 주도자이고 수혜자인 것이다. (Scheerens, et al, 1990: 80)

사실상 우리나라의 학교평가는 자체평가보다는 외부평가에 가깝다. 일선 학교들이 자체적으로 평가위원회를 구성해서 평가를 실시하는 경우가 대부분이다. 그러나 이것은 지역교육청이나 시 · 도 교육청이 주관하는 평가의 자료로 활용되기 때문에, 단위학교가 자율적으로 평가해서 학교자체를 위해 그 결과와 정보를 활용하는 자체평가와는 성격을 달리한다.

외견상 영국의 학교평가체제를 닮은 뉴질랜드의 학교평가가 영국의 그것과 다른 점은 학교의 자체평가가 학교평가의 구심점에 있는 점이다. 또 그것을 관장하는 기구는 교육부 산하가 아니라 공공서비스부 산하의 평가청(ERO)이 담당해 기관의 독립성을 유지하면서 외부적 시각에 입각한 평가를 하고 있다. 일본의 경우도 학교 단위에서 교직원을 중심으로 한 내부평가 외에 내부평가를 보완하기 위해 외부평가를 실시하고 있다. 그러나 그것은 행정가와 전문가 중심의 관리형평가가 아니라 협동적 성격의 평가를 실시하고 있다.

현재 우리나라는 대부분의 학교에서 매년 학교 자체평가를 실시하고 있지만, 이 결과가 외부 평가에 연계되지 못하고 별개로 시행되고 있기 때문에 일선 학교에서는 이중적 평가로 인한 잡무와 시간 낭비로 간주되고 있는 실정이다.

자체평가는 일반적으로 교육청 단위의 학교 평가로 형식적인 선에서 방문평가 전에 이루어진다. 학교 자체평가는 단위학교의 자율성, 교직원의 참여도와 평가의 필요성에 대한 공감대 형성 등에 많은 문제가 제기되고 있다.

학교평가에 자체평가를 실시하는 것은 내부구성원들의 교육활동에 대한 진단을 통해 스스로 평가하고 외부전문평가단에 의한 평가를 통해 스스로 자기개선에 더 노력할 계기를 주기 때문에 자체평가는 방문평가 전 단계에서 실시해야 한다.

학교 자체평가의 일차적인 목적이 학교의 성장과 개선을 위한 기반을 제공(Korade, 1983)하는데 있다고 보듯이, 학교평가의 궁극적인 목적은 학교 개선이며 학교 내의 모든 구성원들이 평가의 전 과정에 적극 참여하는 기회가 개방되어야 한다. 또 학교 자체평가는 학교 및 교실에서의 교수과정과 교수결과 등의 검토를 통해, 당해 학교 교직원의 최대한의 참여 속에서 이루어져야 하며 각종 정보는 관련된 구성원들로부터 수집되게 해야 한다.

2. 외부평가에 대한 교장의 평가관

학교평가는 학교교육을 체계적 · 종합적으로 점검하고 반성하는 기회를 제공한다. 단위학교는 앞서 선행된 평가에서 제기된 학교교육의 문제점을 개선하고자 노력하게 되고, 평가를 통해 학교경영의 미흡한 추진상황을 점검해 그것을 개선하는 방안을 제시하고 새로운 계획 수립과 추진 방향을 설정하는 계기를 마련한다.

이러한 취지를 띠고 있는 외부평가는 그 평가의 목적이 일선 학교 경영의 과정과 결과에 대해 진단하고 그것의 개선을 위한 처방을 통해 일선학교를 도와주는데 있지만, 평가를 받는 학교와 교원들은 상당한 위협감을 느끼고 거부 반응을 일으킬 수밖에 없는 실정에 놓여 있다. 특히 그 평가가 상급기관과 하급기관인 학교가 놓인 위계상의 구도 속에서 이루어지기 때문에 피할 수 없는 필연적인 현상이며 우리나라의 학교평가도 같은 맥락 속에 있다.

특히 우리나라의 현행 학교평가는 학교가 국가 주도의 교육개혁 사업에 얼마나 적극적으로 참여하는가를 평가해서, 그 결과에 따라서 행 · 재정적 지원을 차등적으로 실시하는 방식으로 실시해 왔다. 그 의도는 다분히 지방교육자치의 실시로 강화된 시 · 도 교육청의 재량권을 국가주도의 교육개혁에 적극적인 참여를 위한 '강력한 정책수단'인 것으로 판명되고 있다.

현재 시행중인 학교평가가 정부와 시 · 도교육청 주도의 하향식 평가이고 평가결과에 따라 거액의 재정 지원을 등위에 따라 차등 지원하는 방식을 취하고 있는 한, 시 · 도교육청과 학교가 평가 준비에 매달리지 않을 수 없는 실정에 놓여 있다. 따라서 상급관청의 교육정책이나 장학지침뿐만 아니라 예산 편성과 집행이 기관평가의 상위 등급에 들기 위한 필수 영역과 요소로 이루어지는 폐단 때문에 교육행정과 학교교육이 파행적으로 이루어지고 교육의 질적 향상과 교육시설의 개선 사업 등이 부익부, 빈익빈의 결과를 초래하고 있다.

그러면 위에서 밝힌 자체평가와 외부평가를 통합적 관점에서 학교평가를 살펴보기로 한다. 여기서는 우리나라의 거의 모든 학교에서 매년 자체평가를 실시하고 후속 교육계획을 위한 반성 및 참고자료로 활용하고 있지만 그 결과가 효율적인 연계성을 갖지 못한 채 이루어지는 연례적인 잡무성 행사로 인식되고 있다.

이러한 실태를 감안해 올바른 학교평가를 위해 자체평가와 외부평가를 통합적 관점에서 인식하고 있는 학교장의 일반적인 학교평가관을 개선 및 보완적 차원에서 제시하기로 한다.

가. 학교평가의 개선 및 보완적 측면의 평가관

(1) 학교평가의 핵심 영역에 학업성취도의 평가를 합당한 비율로 포함시켜야 한다.

(2) 학교평가의 목적을 달성시키고 충족시키기 위한 전단계인 현장의 실태와 평가의 기반조성에 대한 조사가 선행되어야 한다.

- 교육활동 및 경영체제의 합리성, 자율성 및 창의성
- 교육시설 및 환경에 대한 전반적인 실태
- 학교의 지역성과 규모 및 예산을 고려한 교육계획의 수립 ·
- 상급관청의 교육시책에 대한 추진의지와 확산정도
- 학교별 특색사업 계획의 적합성 및 추진실태

(3) 학교평가의 결과를 등급화를 통한 재정적 차등지원체제에서 열악한 현장 우선의 지원체제로 전환해야 한다.

(4) 평가결과의 분석 및 활용 방향을 단위학교에 대한 행 · 재정적인 차등지원이나 시정조치보다 현장의 실태를 확인하고 구체적인 단위학교별 지원계획의 자료로 삼아야 한다.

(5) 학교평가를 위한 계획 → 평가 → 분석 → 개선 · 보완의 단계를 반복하는 원활한 feedback이 이루어지게 해야 한다.

나. 학교평가의 효용성에 대한 양면적 평가관

(1)긍정적인 시각의 평가관

(가) 학교교육활동 및 경영체제 전반에 걸쳐 그 실태를 진단, 점검, 확인과 결과의 분석을 통해 그것들을 개선하는 계기를 제공한다.

(나) 학교교육의 자율성과 창의성을 촉지하고 교육현장의 변화를 유도한다.

(다) 학교교육을 체계적이고 종합적으로 점검하고 실태를 확인하는 계기를 제공한다.

(라) 학교의 특색사업, 교육계획의 수립의 타당성과 추진 및 이행, 학교장의 지도성, 상급관청의 특색과제의 현장 확산정도, 예산편성과 집행의 합리성 등을 확인하고 효율적인 장학지도를 할 수 있게 한다.

(마) 학교교육의 질 개선에 효용성 있는 종합정보를 제공한다.

(바) 학교장을 구심점으로 한 구성원 전체의 교육적 활력과 역동성의 계수화 평가를 통해 상대적인 위치와 등위를 확인하고 반성의 자료로 활용하게 한다.

(2) 부정적인 시각의 평가관

(가) 평가를 위한 합리적인 기준의 설정과 그 실시를 위한 전문평가인력이 부족하다.

(나) 평가의 절차나 제도가 관주도적으로 이루어져 학교 내외 구성원들의 공감대를 얻지 못하고 있다.

(다) 평가자들의 전문성 부족으로 평가가 본질을 벗어난 방향으로 진행되거나 평가에 대한 잘못된 자세로 자료들이 조작되거나 부풀려져 결과를 왜곡시키는 경우가 발생한다.

(라) 평가결과가 시간과 비용 중심의 현장 활용도면에서 볼 때 행정낭비이다.

(마) 서열화 매김을 위한 평가영역과 요소 중심의 평가모형을 실태확인과 원인분석을 위한 면담, 관찰과 토론을 포함한 실재적인 질적 접근방법을 중시하는 모형으로 전환시킬 진보적이고 발전적인 시각과 노력이 결여되어 있다.

V. 학교평가와 관련된 교장의 역할

일반적으로 학교조직은 교육이 갖는 특수성 때문에 보수적이고 변화를 거부하는 현실안주의 속성을 나타내는 경향이 강하다. 그러나 지난 20세기에 들어서면서 인류 문화와 문명의 급속한 발달과 변화의 속도는 우리들에게 개인, 사회, 국가와 관련된 모든 영역에 걸쳐 그것에 대한 적응과 활용능력의 측면에서 큰 문제점을 불러왔다. 그런데 그 변화의 속도와 폭은 21세기에 접어들어 엄청난 가속도가 붙으면서 변화와 적응은 개인과 사회 및 국가의 생존과 관련된 절박한 삶의 문제로 대두되면서 교육의 현안 문제로 떠오르게 되었다.

이렇게 교육이 처한 현실적 문제 해결을 위해 국가주도적인 교육개혁의 일환으로 시도된 기관 및 학교평가가 교육의 질적 개선의 방안으로 교육현장에 도입한 경쟁과 서열화 개념을 교육평가의 목적과 경쟁력의 필요성 및 당위성의 측면에서, 학교장은 그 누구보다도 정확하게 이해하고 교육현장에 학교평가를 외국의 그것에 못지않게 발전적이고 합리적으로 수용하고 정착시켜 나가는데 주도적인 역할을 해야 할 것이다.

Ⅵ. 맺으면서

엄밀히 말해서 학교장은 자체평가의 측면에서 학교평가의 주관자이며 그 역할담당자인 반면에 외부평가의 측면에서는 학교평가의 대상자이자 평가결과에 대한 책임자의 위치에 놓여 있다. 따라서 학교장은 능동적으로 학교경영에 최선을 다하는 지도성을 발휘해야하고 전 영역에 걸쳐 책무성을 띄고 있기 때문에 상급관청의 학교평가에 대한 불안감과 거부감을 갖지 않을 수 없다.

게다가 학교장은, 학교장과 학부모 집단에 대한 자기방어기제적이고 부정적인 태도를 갖는 교직원과 하향적이고 고압적인 상급관청 사이에서 중개자와 연결자의 역할을 수행해야 하는 매우 곤란한 입장의 역할수행자이다.

특히 교육현장에서 갈수록 권한이 계속 축소되면서 그 입지가 좁아진 학교장에게 끝없는 책무성만 강요하는 상급관청의 변함없는 요구수준과 교장의 활동영역을 제한시키려는 정책 입안자와 교육행정가들의 비현실적이거나 불합리한 주장과 진보적 성향의 교육평가관은 교육개혁안이 가졌던 원래의 목적과 참신성을 퇴색시키면서, 일선

학교장의 학교경영에 혼선과 부담감만 가중시키고 있다.

그러므로 교육정책의 일관성과 새로운 21세기의 한국 교육을 위해서 합리성 있는 학교평가계획과 모형개선을 현장의 입장과 소리를 받아들이는 방향에서 추진시켜 나가기 위해서 대학과 구별되는 특성을 지닌 초·중등교육계에 적합한 교장의 승진과 임기 및 권한 등을 위한 법적 뒷받침을 해 안정된 지위를 부여한 후 뚜렷한 국가관과 공직관을 바탕으로 한 교육관을 갖고 초·중등 교육에 매진할 수 있는 교육여건을 마련해야 할 것이다.

그래서 전반적인 교육풍토의 기반조성이 이루어질 때 학교장은 학교평가의 진정한 목적과 필요성을 인식하고 이 민족과 국가뿐만 아니라 인류와 세계의 밝은 미래와 우리교육의 경쟁력 제고를 위해 교육평가를 교육개혁과제의 일환으로 당연히 받아들여 학교경영에 임함으로써 학교장의 역할 수행에 최선을 다해야 할 것이다.

學校經營 2004년 12월호에서 인용

〈참고문헌〉

· 백순근(1997). 학교평가에 대한 선진 외국의 동향. 한국교육평가회 학술세미나 발표논문집. 황정규(1997). 학교평가 절차 및 기준 개발. 서울대학교 교육연구소.
· Nevo, D. (1995) School-Based Evaluation : A Dialogue for School Improvement. Oxford : Elsivier Science Ltd.
· Scheerens, Jaap, Van Amelsvoort, Gonnie, H. W. C., and Donougue, Carol. (1999)
· "Aspects of the Organizational and Political Context of School Evaluation
· n Four European Countries". Stucies in Educational Evaluation 25, 79–108.

억새풀처럼 살아온 시인의 초상
— 유자근, 그의 깨어있는 시 세계

김 이 대
시인, 장학사, 학교장

1. 선명한 발자국

시인은 정신적으로 높은 경지에 있는 사람들이다.

시는 경험과 판타지가 승화된 순수하고 외롭고 때로는 슬프기까지 한 영혼의 소리라고 할 수 있다. 순수하지 않은 시는 생명력이 결여된 말장난에 불과하다고 본다.

유자근의 시를 읽으면 살아가는 일상의 일들이 진지하고 진솔하게 다가옴을 느낄 수 있다. 시인 혼자만의 감정이지만 시를 읽는 사람들까지 그 시 속에서 자기를 발견하게 되는 공감을 불러일으킨다. 그것은 시인이 갖고 있는 순수한 감정들이 솔직하게 투영되기 때문이고 그 서정의 언어들이 깨어있기 때문일 것이다.

다가오는 시련을 스스로 이기고 개척해 온 삶의 고백인 유자근의 시를 읽으면 그의 얼굴이 보이고 그의 깨어있는 시 정신이 보인다.

2. 개성이 돋보이는 삶의 표상들

문명은 삶을 편리하게도 하지만 때로는 정신적인 삶의 기반을 황폐화하기도 한다.

아파트 정지 작업 중에서도 억새풀 한 무더기가 푸르게 살아남아 있어 흡사 우리 가족처럼 살고 있다.

서쪽 들머리 야산 능선
사과밭 울타리 외 버드나무 너머로
저녁 하늘은 오늘도 벌겋게 물들었다

개구리 뒤쫓던 그 논도랑
할머님 들나물 캐던 그 봇둑길
모두가 눈 익은 고향 정경인데
치솟는 고층아파트 크레인 작업에
들새도 갈길 막혀
저만큼 돌아가느라
빼앗긴 고향에 짓이겨진 슬픔

흐르는 구름 마저 붉은 저녁노을 받아
두 눈은 충혈되고 목소리는 믇혀만 가는데
초저녁 한기 속에 뭉개져 남은 논두렁 위
색깔은 싯누런 채 바람을 가르느라
오늘도 오기 지키는 그 억새풀 한 가족

—「억새풀 한 가족」 전문

순수했던 시절의 정경이 아름답다.

사과밭 울타리와 버드나무 너더로 또 논도랑이며 할머니가 들나물 캐던 봇둑길이며 때 묻지 않은 고향 정경인데 아파트 건축 크레인 작업에 들새도 길이 막혀 돌아가는, 빼

앗기고 잃어버린 것에 대하여 시인은 한탄한다. 그래도 억새풀 한 가족이 우리와 같이 있다고 희망을 말하고 있다.

낯익은 반석 위에
온몸을 내맡겨 드러누우니
서산 위에는 그날처럼
해맑은 저녁달이 떠 있는데
감은 눈 망막 위로 또렷이 파고드는
또 하나의 저녁달

—「또 하나의 저녁달」 부분

바쁘게 돌아다니는 일상 속에서도 조용히 혼자만의 시간은 필요하다. 바위 위에 드러누워 하늘을 보는 시인의 사색에 해맑은 저녁달이 떴다.

〈또 하나의 저녁달〉이 떠서 그리움을 불러준다. 시인의 서정이 돋보이는 작품이다.

어쩌다 내 마음이 내킨 것인지
산 밑 큰길을 드라이브 삼아
신나게 속도를 내보곤
내 집 쪽 샛길로 차 머리를 돌리면

옥수수밭 헌 허수아비처럼
허기진 뱃속을 비집고 나온 스트레스가
춤을 춘다
… (중략) …

젊은 시절 한동안 마음 가깝게 지내던
어느 건달성 체육과 교사의 술자리
… (중략) …

그의 목소리는 아직도 귓가에 머물고
이제 나도 좀 숨 쉴 시간이 생기려는데
기껏 들리는 소식은
'술 과하던 그도 서둘러….'

—「차라리 건망증이」 부분

젊은 날이 어제 같은데 몸은 전과 달라지는 그것은 어쩔 수 없는 일이다. 오늘과 지난날의 일들이 교차하는 순간입니다. 친구들이 하나둘 떠날 때마다 지난날의 일들이 생각난다.

마음은 어제인데 몸은 벌써 어제가 아니다.

3. 초가집 울타리 억새풀 한 가족

가족에 대한 시인의 애정은 각별하다.

어릴 때 아버지를 여의고 어머니마저 곁을 떠나간 후에는 할머니 슬하에서 자랐다. 그래서 할머니에 대한 사랑과 그리움이 많았다. 그리고 아내와 자녀들과 함께 한 가정을 이루고 억새풀 한 가족으로 둥지를 틀게 되었다.

미꾸라지 잡아 고무신에 담고
논둑길 걸어 긁히고 부르튼 발을
뒤처져 투정하던 어린 나를
해수병 할머님은
그래도 귀여워만 하셨다

… (중략) …

키 낮은 초가집 뒤 늙다리 감나무엔

빠알간 홍시(紅柿)가 유난히 많았건만
해수병 할머님은 돌아가셨다

해묵은 그 초가집도 감나무도 없어진 마을
윗마을 들일 차 할머님 지나던 길목에
동그마니 지어 놓은 적갈색 벽돌집
할머님 생전 모습 캐묻는 아이들 데리고
창문 앞 남쪽 담 앞에 심은 감나무엔
올해도 가지마다 홍시가 풍년인데
철부지 아이들의 밝은 웃음소리 따라
할머님 그 영상(影像)도 웃음 머금고 계셨다

—「할머님 영상」 부분

시인의 어린 시절 할머니와 함께 행복했던 영상이 그림처럼 보인다.

일흔 가까워지면서
웬일인지 종종 아버님 생각을 하게 된다
요즈음 기억력도 희미해지는데
그래도 지난 어린 시절은
왜 그렇게도 소상하게 떠오르는지
… (중략) …

가만히 생각해 보니 내 나이 여남은 살 때 어느 날
할머님은 장난감 같은 작은 지게를 갖고 와
이웃 어른과 동갑내기를 따라
산에 가 갈퀴나무를 해 오라고 하셨다.
… (중략) …
족쇄를 벗어나려는 듯 발버둥 치다가
"아부지예! 아부지가 있으면 나 저 지게 안 지겠지예!"라고 처음으로 아버지를 부르며 서럽게 울었다.

—「아버님 생각」 부분

아버지는 일제하에 강제 징용으로 간 뒤 돌아오지 않았다.

아버지에 대한 그리움이 눈물겹게 나타나 있다.

아버지는 일제 징용의 피해자로, 시인은 그 유가족으로 심의 결정 되어 보상을 받게 되었다. 아버님 가신 사십여 년 만에 아버님은 우리 가족을 위해 헌신하신 것이다.

시인은 할머니 아버지를 시 속에서도 할머님 아버님이라고 쓰고 있다. 그것은 고착된 호칭으로 그의 부모에 순종하는 효성의 표현으로 여겨진다.

열두 살 나던 해 늦가을
그때도 들머리 야산 옆 외갓집 밭에는
뽑다 남긴 무 한 고랑만이 온 들판을 지켰고
밭 언저리 경계선 풀죽은 죽정이 수숫대처럼
석양빛 역광 속에 등 굽은 할머님과 외할머님
황혼에 물든 텅 빈 들판 위에
무명옷 망부석으로 굳어지던 두 실루엣

스산한 바람 소리에 깡마른 수숫대들이 떨고
석영조차 사라진 텅 빈 그 들판 속
기억조차 퇴색된 두 할머님 영상 옆에
아무렇게나 내팽개친 내 모습
그 짙고 검은 머리칼은
어지간히나 마신 분필 가루 탓인지
탈모와 백발로 일그러진 채
사라진 지난날의 포플러 숲 자리를

아파트 숲을 헤치고 찾느라고
오늘도 멍한 자세로 서 있는
또 하나의 실루엣

—「세 실루엣」 전문

가슴이 짠한 시다.

어릴 때 할머니가 내보내 버린 어머니가 보고 싶어서 몰래 찾아갔던 외갓집, 멀리서 보던 어머니와 외할머니의 모습이 지금은 하나의 실루엣이 되어 망부석처럼 서 있다 포플러 숲도 사라지고 외갓집 자리마저 찾기도 어려운데 이제는 실루엣만으로 남아 있을 뿐, 시인도 백발이 다 되었다.

열두 살 어린아이로 돌아가서 지금도 그 언저리에 머물고 있는 한 소년이 보인다.

미워할 수도 없는 어머니, 그리운 이름이다.

그래도
한때는 가는 허리에
몸짓도 가벼웠는데
이제는
아이들 뒤치다꺼리와
겹겹이 낀 궁기(窮氣)를 벗어나도
허리는 굵어지고
발걸음은 긴 연륜에 걸려
무겁게 걸려 있다
갑자기
그렇게 인각된 아내의 모습이
또 하나의 환영으로 명멸하면서

"모두가 다 내 탓인데.!"라고 중얼거렸다

—「늙어 가는 아내 모습」 부분

교사의 아내들은 남들은 말은 사모님 사모님하고 불러 주었지만, 그 당시에는 박봉에다가 부모님 모시고 아이들까지 키우기에는 고생이 많았다. 남편들은 교직을 천직으로 알고 학교밖에 모르고 가정은 아내에게 맡겨버리는 수가 많았다.

아내에 대한 아련한 그리움과 다 하지 못한 남편으로서의 책임감으로 미안해하는 마음을 쓰고 있다.

4. 교직 생활 단상

대구교육대학을 졸업하고 교직에 임했지만 만족하지 않고 그의 생각은 항상 앞을 보고 있었다. 계명대학교 영문과에 진학하여 중등교사가 되었고 동 대학 교육대학원(영어교육전공)까지 마치게 되었다.

그 후 중등 장학사 교감 교장으 오랜 교단생활을 거쳐 영천 금호여자고등학교 교장으로 정년퇴직하였다.

오늘 경주 출장 후
어지간히 낯익은 산내 골짝 길을 거쳐
운문 땜 맑은 물 따라 굽어진 포장길을 지나고
방지들 넓게 깐 산 밑 도로로 신나게 달려 보았다

생각은 가득 차도 정적만 깃든 차 속
몸보다 마음이 자꾸만 앞서 늙어 가는지
30년 교직 인생 온갖 시련에 좌절되어도

세상사 귀찮아 굳게 입 다물었다가
무심한 흰 구름 위에다 내뱉어 버렸다

… (중략) …
올 8월이면 훌훌히 떠나버릴
은사 급 선배 교장과
더러는 승진도 팽개친 동년배 교감들 생각에
더불어 훌훌히 떠나지 못하는 내 현실이 안타깝지만
오늘도 다시 한번
그 옛날 늦가을 들머리에 나를 세워 놓고
할머님이 손자에게 늘 하시던 덕담을 되뇐다

—「교단잡상(敎壇雜想)」 부분

남 늦게 들어선 교직 생활이
벌써 35년을 넘기면서
눈앞에 닥친 정년퇴직으로
좀처럼 흔들림 없던 내 마음에
길게 그늘이 드리워질 때
… (중략) …
빈 운동장 위에 짙게 깔려 온다

—「정년퇴직을 맞으며」 부분

교사들은 종이 한 장에 이곳저곳으로 전근을 다니면서 객지에서 근무를 하는 경우가 허다하다. 토요일이면 집에 가서 가족들을 만나게 된다.

한 주일간의 객지 근무를 마치고
온 가족 그리운 얼굴을 새기며
또 한 번의 작은 만남을 위해

낡은 승용차에 갈 길을 재촉한다
… (중략) …
아파트 숲속으로 사라진 고향 마을 터가
서둘러 해 기운 서쪽 하늘 너머로
새하얀 낮달을 물들인 저녁놀 받아
환한 얼굴로 웃음 짓는다

그 지난 어린 시절
허리 휜 할머님은
들일 다니시던 샘못 둑길 위에서
메뚜기 잡느라 뒤처진 어린 나를
한참씩 기다리며 허리 곧추셨고
한 많은 어머님 토닥이시며
가는 세월 앞당겨 사시느라
흰 무명옷 환상이 된 채
사라진 마을 터 저녁놀 받고
억센 손 마주 잡고 말없이 서 계셨다

―「토요일 퇴근길에」 부분

아내의 옷차림 조언은 잊어 버린 채
갑자기 떠오른 그 지난 초년병 시절
괴팍한 선임자를 혼내주려다 참았던 분노로
낯익은 굴참나무에게 욕질을 했더니
어느새
내 복에 과한 착한 아내 모습이
또 그 길가에 서 있었다

―「이 가을에 생각나는 일」 부분

아내란 우리들 누구에게나처럼 이 시인 곁에도 늘 머물러 있다.

5. 고향에 대한 소중한 추억들

누구나 고향은 그리움의 대상이고 특히 유년의 추억은 평생을 두고 잊을 수 없기 마련이다.

그 나무 그 집터들 다 없어진 고향 마을
할머니 손자 간섭 귀 익은 그 잔소리는
저만치 황혼 들녘 논두렁에 걸친 듯한데
"동수 나무 안에는 귀신 있데이…."
할머님 또렷한 그 목소리 묻힌 기억조차
깡그리 사라지는 고향 마을 터

―「고향 마을 터」 부분

생각은 항상 옛날인데 현실의 눈앞에 보이는 것은 옛것은 다 사라지고 추억만 남아 있을 뿐이다. 정겹던 집터는 없어지고 아파트가 들어서고 옛것은 보이지 않는다.

어린 시절 할머니 목소리가 환청으로 들릴 뿐이다.

순댓국 가운데 놓고
때 이른 술자리 차리면
장꾼들 고함 소리 따라
오늘도 동곡장(東谷場)은 생기를 찾는다

우시장(牛市場) 가장자리 쪽 가건물 추어탕 집엔
촌장기(村將棋) 화투판이 북새통을 이루고

한때는 달변가인 듯 허세 좋은 한 상인이
밤 담긴 됫 도박 위에다
한 맺힌 세상사(世上事)를 진하게 토해낸다

—「동곡장」 부분

시골 오일장은 사람도 많고 볼거리도 많다. 동곡 장날 한 풍경을 사실적으로 잘 그리고 있다.

6. 세월의 길목에서

세상 살아가는 긴 여로에 수많은 사람을 만나고 또 헤어지고 하지만 잊지 못할 인연으로 다가오는 사람을 만날 수도 있다. 우리는 그와 함께 새로운 세상을 만나고 삶의 진로를 개척하기도 한다.

하지만 때로는 애틋하고 절절하여 가슴 태우기도 한다.

요즈음
해 질 녘이면
나는 곧잘 산길을 걷는다
그러노라면
사랑이 무엇인지도 모르면서
앳된 밀어를 남긴 그 산길 위에서
아련한 추억을 캐내는 나의 므습을
산 능성 위 흰 구름 조각들이
말없이 황혼 속으로 파묻어 버린다

이제
긴 폭염에서 벗어난
성암산 중턱의 관목 숲에는

온갖 생명체의 새로운 욕구가 솟아나는데
조용히 눈을 감고
천천히 발걸음을 내딛노라면
애틋한 그 추억이 매달려 있다

—「애틋한 추억」 전문

성암산 숲길을 걸으면서 시인은 추억에 잠긴다. 그 추억 속에서 그 지난날의 여인들, 여친들을 만나고 있다.

혼자만이 알 수 있는 긴 이야기가 있을 것 같다.

누구에게나 추억이 있다는 것은 좋은 일이다.

인생이 메마르지 않고 좋은 정서로 남아 삶을 한층 깊게 할 것이다.

복지관 가는 길 언저리
철 이른 코스모스처럼
뇌리 깊숙이 인각되는 한 모습에
한참 동안이나 넋 잃은 채
아쉽고 소중한 그 기억들을
추억 속에서 되돌리느라 힘든 순간 참는데
저만치 야산 능선 위에
미소 띤 그녀의 고운 모습이 떠올라 있다

—「소중한 정념」 부분

유자근의 시에는 산 능선이 자주 나온다 특히 역광으로 비치는 산 능선은 부드럽고 아름답다. 산 능선은 일종의 그리움이다. 그리움이 많은 사람은 시를 쓰게 된다고 한다.

내 눈동자 속의 손거울에

또렷한 모습으로 다시 떠오를 그때까지
나 여기 한 그루 나목이 되어 새봄을 기다릴게요!

—「내 눈동자 속의 손거울」 부분

기다림이 있다는 것 그것은 삶의 활력소가 되기도 한다.

사람들은 태어날 때부터 무엇을 기다리며 살아가는지도 모른다.

7. 끝을 맺으며

유자근 시인의 시를 읽으며 그의 인간적 면모와 진실한 시심을 볼 수 있는 기회를 갖게 된 것을 기쁘게 생각하며 아울러 부족한 사람에게 이러한 작업을 부탁해 준 마음에 감사한다.

그는 경험을 바탕으로 한 거짓 없는 자기 고백의 시를 쓰고 있다. 때로는 외로웠지만 오로지 자신을 붙들고 삶을 개척하며 부단한 노력으로 깨어 있는 삶을 살아왔고 그의 시 역시 그 삶의 모습들이 시와 동화되어 있음을 볼 수 있다.

어릴 때 자기를 키워 준 할머니와 유년의 경험과 정서가 시의 모태가 되고 있다.

옛 정경들을 동경하며 문명에 의해 파괴되는 고향의 모습들에 피해 의식을 갖기도 한다. 시인 유자근은 자기를 일으켜 스스로의 길을 열어간 성공한 사람이다.

앞으로 널리 공감할 수 있는 좋은 시를 많이 쓰기를 바라는 마음이다.

유자근 시인님의『억새풀 한 가족』 출간에 부쳐

한 순 희
수필가 · 시인
6, 7, 9대 경주시 3선 시의원 · 전 경주문협지부장

유자근 시인의 서정적인 시 세계는 그의 출생이 조용한 산골 마을이었듯이 그 시의 소재 또한 아늑한 시골의 정취를 담고 있으며 어릴 적 소년 시절 할머님 슬하에서 자라며 마주했던 들판과 논둑길 등이 한 폭의 풍경화처럼 떠오른다.

그의 시는 담백하고 정결하면서도 힘 있는 필치와 독특한 시풍으로 주변 자연과 가족과 지인들뿐만 아니라 친교를 나눈 사람들과의 추억도 담담하게 고향 성암산과 연루하여 표현하고 있다.

특히 그는 35년간 장학사, 교감, 교장으로서 근무하며 청풍명월 같은 깨끗하고 성실한 교직 생활을 이어온 인물로 정평이 나 있다. 평생 시집을 내지 않겠다는 고집을 버리고 만년에 시집 '억새풀 한 가족'을 내게 된 그의 대표작 속에는 그 가족의 억센 노력이 녹아 있다.

문학계의 발전을 위해 물심양면으로 이바지한 그의 공로에 대해 감사드리며 그의 시집 출간을 진심으로 축하한다.

『억새풀 한 가족』 시집 출간을 축하하며

조 광 식
한국문인협회 경주지부장

유자근 시인은 평생 교육계에 종사하시면서 올곧은 품성으로 후학들 육성에 열정을 다 하셨다. 대가 없이 평생 교육에 전념한다는 것은 여간 어려운 일이 아니다. 교육에 종사하는 모든 분들 다는 아니겠지만, 그래도 교육자라면, 걸음걸이부터 옷차림을 비롯한 신언서판(身言書判)을 겸비한 선비이어야 한다. 그래야만, 교육자라고 할 수 있지 않겠는가? 바로 유자근 시인이야말로 교육자로서 평생 봉직하셨고, 시인으로도 활동은 하신 분이기에 상재된 몇 편의 시를 톺아보고자 한다.

「나이아가라 강변에서」는

뜨거운 볕 안고 등에는 식어버린 땀 진 채/
눈감고 귀 막은 채 폭포 속으로 뛰어내린다./

잠시 후 다시 태어난 나는/
시원한 강물 한 모금을 탄산수처럼 내뿜었고/

시적 화자는 꿈에 그리던 나이아가라 폭포를 보면서 자연의 웅장함과 경이로움에 도치되어 물아일체(物我一體)된 상태로 새로운 세상을 맛본다. 또한, 떨어진 폭포에서 승화되어 피어오르는 안개로, 다시 새로운 세상을 얻는 성취된 화자로 태어난다.

「야산 숲풀 위에서」에 나타난 화자는 인성이 없는 현 정치인들에 대한 분노에 찬 울림으로 보여진다. 그래도 늙은 개 처지이지만, '산길을 향해 개소리를 내면서'로 인성이 무너진 시대에 항변한다.

「억새풀 한 가족」은 시적 화자의 가족사로 보이는 듯하다. 평화로웠던 농촌의 풍경 속에서 살아온 시적 화자가 개발로 아름다운 풍경은 없어지고, 고층 아파트로 변해가는 모습을 보면서 안타까워한다. 이를 보면

"흐르는 구름 마저 붉은 저녁노을 받아

두 눈은 충혈되고, 목소리는 묻혀만 가는데" 하면서 탄식한다. 그럼에도 불구하고 억새풀 한 가족은 바람을 가르며 지켜내고 있다.

시집 '억새풀 한 가족'의 발행에 있어서 노령으로 전반적인 능력의 한계점에 놓인 나를 대신해, 나의 차남 평소의 성실한 자세로 원고 교정과 정리 작업을 맡아 주었다. 지난 2002년 월드컵 대구경기 때 대구 범어로타리 광장에서 붉은악마 응원 팀원으로 응원 드럼을 두드리던 어리고 귀엽던 모습을 tv 중계로 지켜보았던 순간을 지금도 기억 속에 담고 있다. 그리고 대학에 진학 후 2006년 3학년 때까지도 나도 모르게 붉은악마 대구 간부를 맡아 활동해 나를 실망하게 하기도 했다. 그런 탓인지 그 후 별로 내 기대에 못 미치는 직종인 2금융권 회사(현대 계열의 정 모 씨가 대통령 출마 초기에 여론에 밀려 일본계 금융회사에 매도)에 다니고 있다. 그러나 워낙 성품이 착하고 성실한 데다 사교성까지 있어서 친구들이나 직장 안에서도 잘 어울리고 신뢰를 받고 있어서 대견스럽게 느껴지기도 한다. 이제 그도 어느덧 나이가 사십 줄에 이르게 되면서 중학생 아들을 두었다. 그래서 그런지 지금도 국내에 축구경기가 있으면 아들을 SUV에 태워 각 경기장을 찾아다닌다. 이제 나도 제 아비처럼 착한 손자가 주님의 뜻 안에서 올곧게 성장해 주기만을 기원하고 있다.

사실 솔직히 밝히면 나는 시집 발행에 대해 부정적인 생각으로 내 평생 개인 시집을 발행하지 않겠다고 가족이나 주변 친구들에게 떠벌려 왔다. 명색이 등단하고 문필 활동을 하는 그동안 시집 등 많은 책자를 받아 왔지만, 감사의 뜻을 밝힌 글줄이나 전화에도 인색했던 게 사실이다. 터놓고 말하면 남들보다 더 좋은 시를 쓰고 싶었고 그럴 수 있다고 생각했지만 갈수록 기가 꺾이고 거기에 한계를 느껴질 때가 닥쳐왔다. 따라서 내 딴에는 힘들여 출판한 내 시집도 그저 그렇게 취급받을 현실 앞에서 미리 그 뜻을 접어버린 것이다. 거기에는 내 개인의 경제적인 여유도 따르지 않는 측면도 깔려 있다. 그렇던 내가 이번에 한평생 내 개인 시집을 내지 않겠다는 그 소신을 버리고 '억새풀 한 가족'을 내게 되었다. 특히 만년에 악성 고기압이 신장 기능을 악화시켜 2023년 연말에는 결국, 투석 수술을 기피하고 스스로 죽음의 길을 택하려는 가벼운 심정에서 평생 가톨릭 신관에도 배치되는 기치료(氣治療)를 권유하는 어느 오랜 지인 여사–교장 퇴직 후 경북교육정보센터에서 노인 사회 교육 과정인 중급일어반을 수강할 때 본인이 회장을 맡고 그 여사가 총무를 맡았던 인연의 말에 귀가 솔깃해 여기치료사(女氣治療師)의 기치료를 받게 되었다. 3개월 후에는 현저한 병 증세가 호전될 거라고 장담했다. 한동안 병세가 호전되는 듯했다. 그래서 지속적 치료를 위해 50만 원을 신전에 바치라 해서 헌금하기도 했다.

그러나 그 후 병세가 급격히 악화되어 죽음 직전에까지 몰려 경산 시내의 어느 종합병원에 입원했으나 상황이 그 병원에서는 감당하기 어려우니 경대병원으로 입원하도록 안내해 주었다. 상황이 약간 호전될 때까지 며칠간 치료를 받은 후 투석 수술을 받았는데 그 고통은 이루 말할 수가 없었다. 한 마디로 입이나 몸짓으로 표현할 수도 없는 순간들이었지만 '하느님, 이대로 바로 죽게 해 주소서.'란 생각만은 했다. 수술 이전의 기치료 기간의 체중 감소로 인한 후유증으로 회복 과정에도 죽을 고역을 치렀다. 한 마디로 아내 말 그대로 돈만 쓰고 사서 한 고생이 되었다. 아내의 불평 성 짜증에도 한 마디도 대응하지 못했다.

그 후의 충격적 여파로 나는 더욱 삶 자체에 대한 애착을 잃고 깊은 회의를 안고 살아가고 있다. 그래서 그 충격에서 벗어나려는 한 의도로서 시집 출판을 통해서 내 삶의 일환을 담고 거기서 위안받으려 평소 시집을 내지 않으려는 그 아집을 버리고 사실상 사력을 다해 이 시집을 남기기로 한 것이다. 나는 나를 닮아 더러 답답할 정도로 착한 자녀들에게 아버지의 참모습을 부록에 담아, 일종의 유언의 기능—전체 내용이 다 그런 것은 아니지만—을 하도록 의도하기도 했다. 따라서 그들이 이 가족 관계의 시를 읽고 그들 가족이 '억새풀 한 가족'의 詩心을 통해서 주님의 뜻 안에서 올바른 삶을 살면서 성실하고 유능한 주님 백성을 살고 성장하기를 바라는 마음에서 좀 이색적인 이 시집을 내기로 했다.

특히 덧붙이고 싶은 것은 평소 내가 좋아하던 김이대 시인의 세상 雜事를 초월하다시피 한 그 모습이 내 가슴 속에 깊이 印刻 되었기에 나의 삶과 시집에 대한 총론적 해설을 부탁했다. 그의 시집 '달빛 사랑'의 序頭詩 '돌멩이 하나'는 나의 登壇詩 '그향 마을 터'나 '억새풀 한 가족'의 시심과 그 맥락을 같이 하는 데서 나는 그로부터 깊게 상응하는 humanitarian적인 인간애와 동료애를 느끼며 감사를 표한다.

유자근(俞滋根) 약력

• 경북 경산 출생(1943~)
• 대구교육대학, 계명대학교 영문과, 동교육대학원(영어교육전공) 졸업

• 영양교육청, 청도교육청 장학사, 자인중학교 교감, 양남중학교 교장
• 외동중학교 교장, 금호여자고등학교 교장 역임

■ 등단 및 문협 활동

+ 등단 관계

• 제3회 교육평론 신인문학 시 부문 대상(1994)
• 25회 문학예술 신인상 당선으로 등단(1998)

+ 문협 활동

• 한국문인협회, 교평문학회, 한국공무원문인협회, 경북문인협회, 경주문협, 경산문협 회원

+ 게재 월간지, 계간지 등 투고 활동

• 시집 억새풀 한 가족에 수록된 시 작품들은 거의 다 아래 문예지 문학세계 문학예술 문학월간지 계간지 교평문학 文憲 한국문인협회지 문학세계 문학예술

경북문학 경주문학 경산문학 동리목월 2014.2015 韓國을 빛낸 文人 경산신문 등에 게재.발표 되었거나 등단 이전에 각 일간지에 신춘문예로 투고했던 작품이며 소수의 습작품도 포함되어 있다.

■ **수상 기록**

- 계명대학교대학원 입시(1985. 6. 24) 전체 수석
  – 장학금 수령
- 경상북도교육청 국.영.수 전문직 특별전형
  (장학사 1기)1994. 8
  94년 교감연수 과정 중 시행 (수석 합격)
- 한자능력급수증 한국어문학회 한자능력2급 전국수석(제22-128-0001호)
- THE WOODBADGE The Scout Association Of BOY SCOUTS OF KOREA 3 Jul. 1992
- 푸른 기장증 1등급(2525호) – 경북교육회장
- 제33회 한국현장교육연구대회(외국어분과 3등급)
  – 어학교육연합회
- 33회 경북도교육연구 (2등급) 417호 – 경북도교원연합회장

+ 각종 자격증

- 초등학교 2급 정교사 자격증, 1급 정교사 자격증(문교부장관)
- 중등학교 2급 정교사 자격증 외국어(영어)(문교부장관)
- 중등학교 1급 정교사 자격증 외국어(영어)(문교부장관)
- 중등학교 장학사(국.영.수 전문직 특별전형 제1기)
  – 경상북도교육감
- 중등학교 교감 자격증(경북교육감)
- 중등학교 교장 자격증(교육부장관)

- 한자능력급수증 한자능력 2급 전국수석(한국어문학회 이사장, 제 22-128-0001호)
- THE WOOD BADGE The Scout Association Of BOY SDCOUTS Of KOREA(3 Jul, 1992)
- 국가기술자격증 제3급 아마추어무선기사(한국전파진흥원장, 09-545-0102호, 2009.06.26)
- 진로상담사 자격증 OPA진로적성상담센터에듀컨스 심리&진로상담사 1급
- 한국장기인허증 3단 아마장기 강사자격을 겸함(대한장기협회총재(정대철), 제12-137호, 2012.12.15)
- 아동한자지도사자격증 22회자격시험합격(한자교육진흥회, 2018.08.07)

■ **작가의 성향**

• 평소 free labourer style(자유지상주의 형식)의 詩作을 계속해 어떤 문단의 조직이나 흐름에 구애받지 않고 독자적인 작품 활동을 추구하고 있음

■ **표창장 수상 및 훈장**

기록 : 생략

■ **My Unforgettable 4 hermits**

• 고 이상구 碩學 교장. 서울법대 民草
• 고 김진규 默客 한학자. 易經硏究院長. 周易講議(亞山先生講論) 전임강사
• 하재동 교장. 교육자
• 김영두 교장. 교육자

문학세계대표작가선 1049

억새풀 한 가족

참샘 유자근의 시집

인쇄 1판 1쇄 2025년 5월 13일
발행 1판 1쇄 2025년 5월 20일

지 은 이 : 유자근
펴 낸 이 : 김천우
펴 낸 곳 : **문학세계** 출판부 / 도서출판 천우
등 록 : 1992. 2. 15. 제1-1307호
주 소 : 서울시 광진구 구의강변로 85 강우빌딩 7F
전 화 : 02)2298-7661
팩 스 : 02)2298-7665
http://cafe.naver.com/chunwu777
E-mail : cw7661@naver.com

값 20,000원

ISBN 978-89-7954-956-0